新能源汽车"1+X"职业技能等级认证配套教材

新能源汽车驱动电机技术

组　编　中车云商（北京）信息技术有限公司
　　　　广东凌泰教育资源股份有限公司
主　编　龙志军　王远明
副主编　王　健　冯君华　黄汉飞
　　　　林镜锋　孙兵凡

机械工业出版社

本书分为新能源汽车工作安全与作业准备、驱动电机结构原理与维修保养、驱动电机控制器结构原理与维修保养、驱动电机减速机构结构原理与维修保养、驱动电机冷却系统结构原理与维修保养5个项目。用微信扫描刮刮卡，免费兑换视频课程，可在天工讲堂小程序进行学习。

本书适合作为"1+X"技能鉴定指导教材，同时也可作为职业院校新能源汽车专业教材。

图书在版编目（CIP）数据

新能源汽车驱动电机技术 / 中车云商（北京）信息技术有限公司，广东凌泰教育资源股份有限公司组编；龙志军，王远明主编 . —北京：机械工业出版社，2022.8（2025.2 重印）
新能源汽车"1+X"职业技能等级认证配套教材
ISBN 978-7-111-72029-4

Ⅰ . ①新…　Ⅱ . ①中…②广…③龙…④土…　Ⅲ . ①新能源 – 汽车 – 驱动机构 – 技术培训 – 教材　Ⅳ . ① U469.703

中国版本图书馆 CIP 数据核字（2022）第 214862 号

机械工业出版社（北京市百万庄大街 22 号　邮政编码 100037）
策划编辑：谢　元　　　　　责任编辑：丁　锋
责任校对：樊钟英　李　婷　封面设计：马精明
责任印制：郜　敏
中煤（北京）印务有限公司印刷
2025 年 2 月第 1 版第 4 次印刷
184mm×260mm ·9.25 印张·223 千字
标准书号：ISBN 978-7-111-72029-4
定价：39.90 元

电话服务　　　　　　　网络服务
客服电话：010-88361066　机 工 官 网：www.cmpbook.com
　　　　　010-88379833　机 工 官 博：weibo.com/cmp1952
　　　　　010-68326294　金 书 网：www.golden-book.com
封底无防伪标均为盗版　机工教育服务网：www.cmpedu.com

机械工业出版社汽车维修领域专家咨询委员会

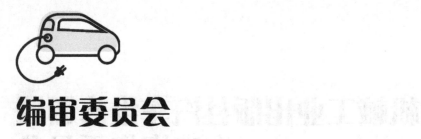

编审委员会

前　言

　　2019 年国务院印发的《国家职业教育改革实施方案》提出在职业院校、应用型本科高校启动"学历证书 + 职业技能等级证书"（即 1+X 证书）制度试点，鼓励学生在获得学历证书的同时，积极取得多类职业技能等级证书。

　　为了提高参加职业技能鉴定考试学生的理论和技能水平，帮助职业技能鉴定考评人员更好地熟悉和把握职业技能鉴定的政策和发展趋势，我们根据职业技能登记证书技能鉴定标准编写了本书。

　　本书涵盖"智能新能源汽车职业技能等级证书"中新能源汽车驱动电机技术相关的鉴定与考核标准，将初级、中级、高级鉴定融合到本书中，并加以区分（★表示初级，★★表示中级，★★★表示高级）。针对目前各汽车院校实训与鉴定车型不统一的现状，本书不指定车型并兼顾比亚迪、北汽、吉利等多款车型。

　　本书分为新能源汽车工作安全与作业准备、驱动电机结构原理与维修保养、驱动电机控制器结构原理与维修保养、驱动电机减速机构结构原理与维修保养、驱动电机冷却系统结构原理与维修保养 5 个项目。用微信扫描刮刮卡，免费兑换视频课程，可在天工讲堂小程序进行学习。

　　本书适合作为"1+X"技能鉴定指导教材，同时也可作为职业院校新能源汽车专业教材。

　　本书由中车云商（北京）信息技术有限公司、广东凌泰教育资源股份有限公司组织编写，主编由龙志军、王远明担任，副主编是王健、冯君华、黄汉飞、林镜锋、孙兵凡，参加编写的还有蔡晓兵、于海东、蔡志海、陈海波、韦梅英、潘庆浩、邓冬梅、徐永金、康静。

　　由于水平有限，书中难免有疏漏之处，希望读者予以谅解并指正，以便再版时修改。

编　者

目　录

项目3 驱动电机控制器结构原理与维修保养 / 65

项目4 驱动电机减速机构结构原理与维修保养 / 85

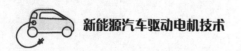

新能源汽车工作安全与作业准备

【知识目标】

1）能够叙述新能源汽车定义与分类。

2）能够分析常见新能源汽车高压系统组成。

3）能够区分高压电等级划分及高压触电危害。

4）能够整理新能源汽车维修安全规范和注意事项。

5）能够理解新能源汽车高压安全防护措施。

【技能目标】

1）能够正确整理新能源汽车维修常用防护套装。

2）能够正确检查防护套装。

3）能够正确使用钳形电流表测试电路。

4）能够正确使用绝缘测试仪测量高压设备绝缘电阻。

5）作业结束后，能够正确收集、清洁和整理工具，对工位进行7S操作。

【素养目标】

1）遵守工作场所相关法律法规和政策要求，拥有高的安全意识。

2）在需要的时候，协助他人并提供帮助。

3）能够合理地分析和解决完成分配的任务时出现的问题。

4）理解和阅读工作文件，报告书写清晰、简洁。

1.1 新能源汽车概述

1.1.1 新能源汽车发展史

1. 人力车和畜力车

在蒸汽机出现之前，人们的代步车辆大多为人力车和畜力车。

人力车有影视剧中常见的黄包车、农村运粮的独轮车等，是依靠人力的交通工具。

畜力车有马车（图 1-1-1）、牛车、驴车等，在人类进入蒸汽机时代和电气化时代以前，大量的交通运输是靠着畜力（主要是马、牛、驴、骡等，狗拉雪橇也属于畜力范畴）牵引人造的交通工具来实现的。

图 1-1-1　马车

2. 蒸汽汽车

蒸汽机的出现，将人或动物做功方式改变为机械做功，引发了第一次工业革命。蒸汽机是将蒸汽的能量转换为机械能的往复式动力机械。

古希腊数学家希罗于公元 1 世纪发明的汽转球是蒸汽机的雏形。纽科门及其助手卡利在 1705 年发明了大气式蒸汽机，用于驱动独立的冷却液泵，被称为纽科门大气式蒸汽机。

瓦特运用科学理论，逐渐发现了这种蒸汽机的问题所在。1765—1790 年，他进行了一系列发明，比如分离式冷凝器、在汽缸外设置绝热层、用油润滑活塞、行星齿轮机构、平行运动连杆机构、离心式调速器、节气阀、压力计等。他使蒸汽机的效率提高到原来纽科门机的 3 倍多并最终发明出工业用蒸汽机。蒸汽机曾推动了机械工业甚至社会的发展，并为汽轮机和内燃机的发展奠定了基础。

1769 年，法国工程师居纽制造了世界上第一辆蒸汽驱动的三轮汽车，如图 1-1-2 所示。这辆汽车被命名为"卡布奥雷"，车长 7.32m，高 2.2m，车架上放置着一个梨形大锅炉，前轮直径 1.28m，后轮直径 1.50m，前进时靠前轮控制方向，每前进 12～15min 需停车加热 15min，平均时速 3.5～3.9km/h。

1801 年，理查德·特理维西克制造了"伦敦蒸汽马车"，它是最早的蒸汽载人车辆之一，也是真正第一辆投入市场的蒸汽机车辆，最多能乘坐 6 人，最高时速 27km/h。1804 年，脱威迪克设计并制造了一辆蒸汽汽车，这辆汽车拉着 10t 重的货物在铁路上行驶了 15.7km。

图 1-1-2　世界上第一辆蒸汽驱动的三轮汽车

1825 年，英国人哥尔斯瓦底·嘉内制造了一辆蒸汽公共汽车，有 18 座，车速为 19km/h，开始了世界上最早的公共汽车运营。1834 年，世界上最早的公共汽车运输公司——苏格兰蒸汽汽车运输公司成立了。当时，英国爱丁堡市内运营的蒸汽汽车前面坐着驾驶员，中部可容纳 20 ~ 30 名乘客，锅炉位于后部，配一名司炉员，蒸汽机气缸位于后轴前方的地板下，采用后轮驱动。然而，这些车少则重 3 ~ 4t，多则 10t，体积大、速度慢，常常轧坏未经铺设的路面引发各种事故。1865 年英国议会通过了《机动车法案》，后被人嘲笑为《红旗法案》。它规定每辆在道路上行驶的机动车，必须由 3 个人驾驶，其中 1 人必须在车前面 50m 以外做引导，还要用红旗不断摇动为机动车开道，并且速度不能超过 6.4km/h。这部法案直接扼杀了英国在当年成为汽车大国的机会，随后汽车工业在美国迅速崛起。1895 年，整整耽搁 30 年后，红旗法案才被废除。

3. 早期的电动汽车

1820 年，丹麦物理学家、化学家汉斯·克里斯蒂安·奥斯特发现了电流的磁效应，由此开辟了物理学的新领域——电磁学。1831 年 10 月 17 日，法拉第首次发现电磁感应现象，进而得到产生交流电的方法，使电力交通成为可能。

1834 年，苏格兰人德文博特制造了一辆电动三轮车，比 1885 年德国人卡尔·本茨发明的汽油车早了近半个世纪。当时这辆电动三轮车采用的能源是不可充电的简单玻璃封装电池。

1873 年，英国人罗伯特·戴维斯制作了世界上最初的可供试用的电动汽车。1881 年，法国人特鲁夫将直流电动机和蓄电池用于私家车，具有里程碑意义。

1899 年 4 月 29 日，比利时人卡米勒·热纳茨驾驶着一辆炮弹形状的电动车以 105.88km/h 的速度刷新了由汽油车保持的世界汽车最高车速记录，这也是汽车速度第一次突破 100km/h，并且保持这个记录进入 20 世纪。

截至 1912 年，美国有 34000 辆电动汽车注册。贝克电气公司是美国最重要的电动汽车制造商。底特律电气公司生产的电动汽车最高时速可达 40km/h，续驶里程可达 129km。

1901—1920 年，英国伦敦电动汽车公司生产了后轮轮毂电机驱动、四轮转向和装备充气轮胎的电动汽车。1916 年 8 月，世界上第一辆油电混合动力汽车问世，这款车的外形结

构与现代汽车很接近，使用操纵杆控制加速踏板。随着科学技术的发展，包括高速内燃机、汽车电起动等内燃机汽车关键技术的相继出现，以及由于经济的发展对长途客货运输的需求，电动汽车续驶里程短、充电时间长等缺陷更加明显。

1913年，福特公司开发了 T 型车，并在汽车发展史上首次实现了标准化大批量生产，使其价格从 1909 年的 850 美元降至 1925 年的 260 美元。大批量生产的内燃机汽车彻底结束了电动汽车的生命。到 20 世纪 30 年代，电动汽车几乎消失了。

4. 内燃机汽车

内燃机汽车的发展离不开可燃混合气和内燃机的发明。

1794年，英国人斯垂特首次提出了把燃料和空气混合形成可燃混合气以供燃烧的设想。

1801年，法国人勒本发现了煤气机的原理。

1859年，法国人勒努瓦用煤气和空气混合气取代往复式蒸汽机的蒸汽，通过电火花点火爆燃，制成二冲程煤气内燃机，在法国和英国都制造了一小批。

1861年，法国人德·罗夏提出了等容燃烧的四冲程内燃机工作循环方式，于 1862 年 1 月 16 日被法国当局授予了专利。

1866年，德国工程师尼古拉斯·奥托成功地试制出动力史上具有划时代意义的立式四冲程内燃机。1876 年，他又试制出第一台实用的活塞式四冲程煤气内燃机。这台单缸卧式功率为 2.9kW 的煤气机，压缩比为 2.5，转速为 250r/min。这就是闻名于世的奥托内燃机。奥托于 1877 年 8 月 4 日获得专利。

后来，人们一直将四冲程循环称为奥托循环。奥托以内燃机奠基人载入史册，其发明为汽车的诞生奠定了基础。曾与奥托共过事的德国人戴姆勒发明了燃烧汽油蒸气（炼制灯用煤油的副产品）的内燃机，1883 年取得专利。他于 1885 年把这种内燃机装在了木制自行车上，翌年又装到了四轮马车上。1886 年，德国人本茨制造了第一辆汽车（图 1-1-3），这些自行推进的车辆，被后人称作汽车和摩托车的鼻祖。本茨和戴姆勒发明的都是汽油机，当时人们也尝试用其他燃油作为燃料。

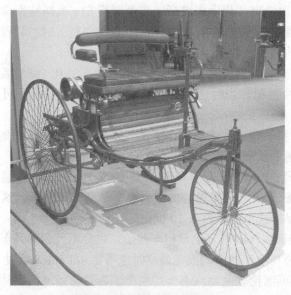

图 1-1-3 世界上第一辆汽车

1897 年，德国人鲁道夫·狄塞尔成功地试制出了第一台柴油机，柴油机从设想变为现实经历了 20 年的时间。柴油机是动力工程方面又一项伟大的发明，它的出现不仅为柴油找到了用武之地，而且它省油、动力大，是汽车又一颗良好的"心脏"。鲁道夫·狄塞尔的发明改变了整个世界，人们为了纪念他，就把柴油机称作狄塞尔柴油机。

1924 年，德国人汪克尔在海德堡建立了自己的公司，他花了大量的时间在那里研制转子发动机。1927 年，对于气密性和润滑等一系列技术问题的攻克终于有了进展。1960 年初，他在德国生产出第一辆装配了转子发动机的小跑车。当时业内人士认为转子发动机结构紧凑轻巧，运转宁静顺畅，也许会取代传统的活塞式发动机。转子发动机如图 1-1-4 所示。

图 1-1-4 转子发动机

一向对新技术情有独钟的马自达公司投巨资从汪克尔公司买下这项技术。由于这是一项高新技术，懂得这项技术的人寥寥无几，而且十分耗油，汽车界有人对这种发动机的市场前景产生了怀疑。马自达公司逐步克服了转子发动机的缺陷，成功地由试验性生产过渡到商业性生产，并将安装了转子发动机的 RX-7 型跑车打入美国市场，令人刮目相看。由于从生产装配到维护修理，转子发动机都与传统发动机大不一样，因此开发成本大，加上往复式活塞发动机在功率、重量、排放、油耗等方面都比过去有了显著提高，转子发动机与其相比并没有明显的优势，因此各大汽车企业都没有积极性去开发利用，唯有马自达一家苦苦支撑。

5. 国外电动汽车的发展

在 1990 年的洛杉矶车展上，通用汽车公司展示了一款名叫 Impact 的电动概念车，Impact 的重量仅有 998kg，仅蓄电池就占了 382kg。该车从静止状态加速到 96km/h 只需 7.9s，在高速公路上以 88km/h 的速度可行驶 200km，被认为是现代汽车工业史上的第一辆纯电动汽车。1996 年通用汽车公司制造并开始销售 EV1 电动汽车。这是以现代化批量生产方式推出的第一款电动汽车。每次充电后最大续驶里程的理论值可达 144km，最高行驶速度为 128km/h，而且已经具有制动能量回收系统。

普锐斯（PRIUS）是丰田公司于 1997 年推出的世界上第一款大规模生产的混合动力汽车，随后在 2001 年销往 40 多个国家和地区。

自普锐斯之后，世界各大汽车公司和新生企业又重新拉开了新能源汽车研发的大幕，菲斯克 Karma、日产 Cube、雪佛兰 Volt 和特斯拉 Roadster 等车型纷纷加入新能源汽车行列。

这些汽车都采用最新的锂离子电池技术，把新能源汽车的性能与活动范围都带到一个新的境界，已经逐渐被普通家庭用户接受并购买使用。新能源汽车又重新登上汽车世界的舞台中心。

日本在混合动力电动汽车技术领域领先世界。以丰田普锐斯（图1-1-5）为代表的日本混合动力电动汽车，在低污染汽车开发销售领域已经占据了领头地位。丰田公司宣布，从1997年全球首款量产的混合动力电动汽车普锐斯推出以来，截至2017年1月底，丰田在全球的混合动力电动汽车的累计销量已达到1004.9万辆。同时，日本还快速发展燃料电池汽车技术，丰田公司已成为当今燃料电池汽车市场上的重要企业。除丰田公司外，其他日本汽车企业也在开发新一代的新能源汽车，如本田Insight IMG混合动力电动汽车、日产Leaf和三菱i-MiEV纯电动汽车等。

图 1-1-5　丰田普锐斯

2008年11月19日，宝马公司发布纯电动汽车MINI E，MINI E采用锂离子动力电池，续驶里程超过240km，最高车速为152km/h，从静止加速到100km/h的时间为8.5s。2013年MINI E已经完成了量产车型产品研发，并通过了多项碰撞测试。

宝马i3电动汽车于2014年9月在我国正式上市，提供纯电动和混动车型。充电方面，使用家庭220V电源充电，充满需要8h，而在宝马专用充电装置下充电，只需1h，充满电后可行驶130～160km。宝马i3电动汽车如图1-1-6所示。

图 1-1-6　宝马 i3 电动汽车

2004 年特斯拉公司开始研发特斯拉跑车。2011 年，由特斯拉公司制造的全尺寸高性能纯电动轿车特斯拉 Model S 进入量产阶段，在 2021 年度全球销量达到 2 万辆。2016 年特斯拉公司在美国发布 Model 3。在 2021 年度特斯拉 Model 3 全球销量突破 50 万辆。特斯拉 Model 3 如图 1-1-7 所示。

图 1-1-7　特斯拉 Model 3

6. 国内电动汽车的发展

创立于 1995 年的比亚迪，总部位于深圳。2003 年，比亚迪成为全球第二大充电电池生产商，同年收购了秦川汽车组建比亚迪汽车。短短一年内，比亚迪汽车的产品线由原来单一的福莱尔微型轿车，迅速扩充为包括 A 级燃油车、C 级燃油轿车、锂离子电动汽车、混合动力汽车在内的全线产品。

凭借着比亚迪在电池领域的积累，电动汽车成为其在汽车领域发展的极大优势，比亚迪近些年在新能源车领域取得的成绩是显而易见的，新能源私人乘用车销量名列前茅，电动大巴等远销欧美市场。比亚迪纯电动汽车元 EV360 如图 1-1-8 所示。

图 1-1-8　比亚迪纯电动汽车元 EV360

北京新能源汽车股份有限公司成立于 2009 年，是世界 500 强企业北汽集团旗下的新能源公司，是国内纯电动乘用车产业规模大、产业链完整、市场销量大、用户覆盖面广、品牌影响力大的企业。公司现已形成立足我国、辐射全球的产业布局，是国内首个获得新能源汽车生产资质、首家进行混合所有制改造、首批践行国有控股企业员工持股的新能源汽车企业，成为制造型企业转型升级与国有企业改革创新的典范。

北汽新能源主要产品包括 EU 系列、EX 系列、EC 系列、EV 系列及 EH 系列纯电动汽车、纯电动物流车等。经过 4 年多的发展积累，北汽新能源已掌握整车系统集成与匹配、整车控制系统、电驱动系统三大关键核心技术，旗下多款产品已投入市场或示范运营，图 1-1-9 所示为北汽新能源 EU 系列车型。

图 1-1-9　北汽新能源 EU 系列车型

浙江吉利控股集团成立于 1986 年，最初是一家冰箱零部件制造商，后来转型为生产冰箱、冰柜、建筑和装饰材料以及摩托车。1997 年，吉利进入汽车行业，将核心业务集中在汽车开发和生产上。吉利以不断的技术创新、人才开发、增强核心竞争力为核心，致力于可持续发展。

吉利一直在开发新能源、共享移动、车辆网络、自动驾驶、汽车微芯片、低轨道卫星和激光通信等尖端技术，为未来多维移动生态奠定了基础。

吉利新能源主要产品有帝豪 GSe、帝豪新能源、帝豪 GL 新能源等，其中 EV450、EV500、GSe 等车型等多款产品已投入市场或示范运营，吉利帝豪 GSe 纯电动汽车如图 1-1-10 所示。

蔚来是立足全球的初创品牌，已在圣何塞、慕尼黑、伦敦、上海等 13 个城市设立了研发、设计、生产和商务机构，汇聚了数千名世界顶级的汽车硬件、软件和用户体验方面的行业人才。如今互联网思维在不断挑战传统行业，汽车行业也一样，吸引眼球的蔚来小鹏、理想等造车新势力正是在这样的背景下用新思维掀起一轮又一轮的革新运动。

蔚来将自己定义为从事高性能智能电动汽车研发的公司。它由顶尖互联网企业和企业家投资数亿美金创建，致力于成为一家有中国背景、全球化的汽车公司，拥有国际化团队、具有全球竞争力的汽车公司。其天生自带的互联网性质，Formula E（赛车运动，一般指电动方程式）中的好成绩，让蔚来持续获得关注，目前也已经有了量产车型。蔚来 ES8 纯电动汽车如图 1-1-11 所示。

图 1-1-10　吉利帝豪 GSe 纯电动汽车

图 1-1-11　蔚来 ES8 纯电动汽车

1.1.2　新能源汽车的定义

　　新能源是指传统能源之外的各种能源形式，刚开始开发利用或正在积极研究、有待推广的能源，如太阳能、地热能、风能、海洋能、生物质能和核聚变能等。新能源越来越多地被用到风电产业、地热利用产业、沼气发电产业、生物质产业、太阳能光伏产业，新能源汽车（NEV）、燃料电池电动汽车（FCV）、氢发动机汽车、其他新能源（如高效储能器、二甲醚）汽车等各类产品。

1.1.3 新能源汽车的发展

1. 国外新能源汽车发展政策

（1）美国

在战略规划方面，2013年美国能源部发布《电动汽车普及计划蓝图》，从消费者购置成本、关键技术指标、充电设施等方面明确2022年发展目标，提出动力电池和电驱系统成本分别降至125美元/kW·h和8美元/kW·h，整备质量降低30%的目标。

在研发创新方面，美国政府通过研发专项拨款、税收减免、低息贷款等方式支持新能源汽车的研发创新，形成了政府引导、企业主导、科研机构参与的新能源汽车技术研发机制。

2019年，美国能源部宣布拨款最高至5900万美元，支持先进电池和电力驱动系统、节能系统、高效动力系统等方面的研发创新。

（2）日本

日本新能源汽车产业政策体系完备，重点从氢能社会建设角度推进氢燃料电池汽车的研发和推广普及。在战略规划方面，日本经济产业省2010年发布《新一代汽车战略2010》，支持新一代汽车（BEV/PHEV/HEV/FCV和清洁燃料汽车等）推广普及，提出到2030年混合动力汽车新车销售占总销量的比例为30%～40%、纯电动汽车和插电式混合动力汽车占比为20%～30%、燃料电池汽车占比为3%、清洁柴油车占比为5%～10%。

2014年，日本经济产业省发布《汽车产业战略2014》，提出全球化、研发和人才、系统、产品四大战略。同年，日本政府明确提出加速建设氢能社会的战略方向，并发布《氢能燃料电池战略发展路线图》，提出三步走战略，并提供研发、示范和补贴等优惠政策。

面向2050年，日本提出xEV（BEV/PHEV/HEV/FCV）战略，推进全球日系车xEV化，以实现从油井到车轮的零排放，围绕促进开放性创新、积极参与国际协调、确立社会系统等方面作出具体部署。

在研发创新方面，加强产学官合作并促进跨越企业壁垒的开放性创新。日本成立新能源汽车综合开发机构（NEDO），负责构建官民一体协作机制和技术研发工作。同时，日本高校、科研院所加大电动化、智能化领域人才培养力度。在推广应用方面，1998年日本开始实行新能源汽车购置补贴及吨位税、购置税减税等措施，针对购买新车和以旧换新提供差异化补贴政策。虽然近年来补贴金额已有所下降，但氢燃料电池汽车仍按与同类型燃油车售价差的2/3进行补贴。2019年，日本国土交通省计划拨款5.3亿日元支持地方交通绿化事业，推动公共交通领域用车电动化，日本环境省计划拨款10亿日元支持电动货车、电动公交车发展，补贴货车和公交车经营者。

（3）欧洲主要国家

2020年，欧洲各国针对纯电动的补贴金额多数为3000～6000欧元。与2019年相比，德国对于纯电动补贴增加了1000～2000欧元，混动补贴增加了750～1500欧元；荷兰从2020年7月开始，对于价格4.5万欧元以下车型，开始补贴4000欧元；法国用于奖金的预算从2019年的2.6亿欧元增加到2020年的4亿欧元，并维持到2021年；英国的补贴略有调低（幅度在500英镑，约560欧元);其他国家不变。2021年多数国家补贴政策没有变化，主要变化的是法国，小于4万欧元的车型补贴减少1000欧元，为5000欧元。补贴力度主要跟车架、碳排放量有关。

欧洲大部分国家都有针对私人住宅和公共区域的充电桩安装补贴，补贴比率大多在 50%～70%，有些国家还有电动汽车免费停车和专用停车区域。

2. 国内新能源汽车发展政策

2019 年，我国纯电动汽车生产完成 102 万辆，同比增长 3.4%，销售完成 97.2 万辆，同比下降 1.2%；插电式混合动力汽车产销分别完成 22.0 万辆和 23.2 万辆，同比分别下降 22.5% 和 14.5%；燃料电池汽车产销分别完成 2833 辆和 2737 辆，同比分别增长 85.5% 和 79.2%。

2020 年，我国新能源汽车产销分别完成 136.6 万辆和 136.7 万辆，同比增长 7.5% 和 10.9%，分车型看，纯电动汽车产销分别完成 99.1 万辆和 100 万辆，其中产量同比增长 19.6%，销量同比增长 16.1%；插电式混合动力汽车产销分别完成 25.6 万辆和 24.7 万辆，同比分别增长 19.6% 和 9.1%。

国务院办公厅印发的《新能源汽车产业发展规划（2021—2035 年）》提出，到 2025 年，新能源汽车新车销售量达到汽车新车销售总量的 20% 左右；到 2035 年，纯电动汽车成为新销售车辆的主流，公共领域用车全面电动化，燃料电池汽车实现商业化应用。

1.2 　新能源汽车维修作业安全规范与注意事项

1.2.1 　高压电

根据不同电压等级可能对人体产生的伤害和危险程度不同，在电动汽车中，一般将电压按照类型和数值分为两个类型，见表 1-2-1。

表 1-2-1　电压的类型和数值

电压级别	工作电压 /V	
	DC（直流）	AC（交流 50～150Hz）
A	$0 < U \leqslant 60$	$0 < U \leqslant 25$
B	$60 < U \leqslant 1000$	$25 < U \leqslant 660$

考虑到空气的湿度和人体在不同工作环境下的电阻，基于安全考虑将车辆电压分为以下安全级别：

① A 级：较为安全的电压等级。直流电压 ≤ 60V；交流电压 ≤ 25V。在此电压范围内的维护人员不需要采取特殊的放电保护。

② B 级：对人体会产生伤害，被认为是高压。在该电压下必须采取必要的防护设备对维护人员进行保护。

在电动汽车中，高低压的定义与常规的定义有所不同，低压通常指的就是 12V 电源系统的电气线路的电压，而高压主要指的是动力电池及相关线路的电压。电动汽车的高压具有如下特点：

高压系统的电压一般设计都在 200V 以上。例如大多数的电动汽车或混合动力汽车的动力电池电压都在 280V 左右。

高压存在的形式既有直流，也有交流。这包括动力电池供电的直流电，也有充电时220V电网交流电，以及电机工作时的三相交流电。

高压系统对绝缘的要求更高，大多数传统汽车上设计的绝缘材料，当电压超过200V时可能就变成了导体，因此在电动汽车上的绝缘材料需要具有更高的绝缘性能。

高压系统对正负极距离有要求。在12V电压情况下，正负极之间的距离很近时才会有击穿空气的可能性，但是当电压高达200V时，正负极之间有很大的距离时也会发生击穿空气而导电，即我们常说的电弧。

为防止意外触及高压系统，电动汽车对高压部件均采用特殊的标识或颜色，对维修人员或车主给予警示。电动汽车通常采用两种形式进行高压标识警示：高压警示标识和导线颜色。

1.2.2　电动汽车中的高压部件

纯电动汽车的高压组件壳体上都带有一个标记，售后服务人员或车主均可通过标记直观看出高压可能带来的危险，所用警示牌基于国际标准危险电压警示标志。

如图1-2-1所示，高压警示标识采用黄色底色或红色底色，图形上布置有高压触电国家标准符号。

图1-2-1　新能源汽车高压警示标识

由于高压导线可能有几米长，因此在一处或两处通过警示牌标记意义不大。售后服务人员可能会忽视这些标牌。目前，车企用橙色警示色标记出所有高压导线，高压导线的某些插接器和高压安全插接器也采用橙色设计，如图1-2-2所示。

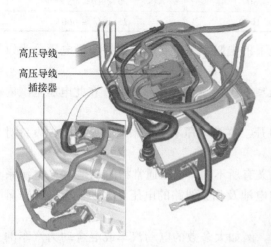
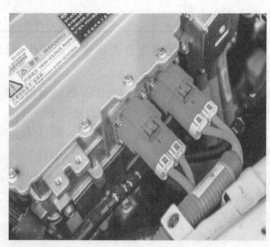

高压导线
高压导线
插接器

图1-2-2　高压导线

纯电动汽车和混合动力汽车都设计有高压电部分。纯电动汽车高压部件主要分布在车辆底部和前舱，高压部件主要包括驱动电机控制器、高压配电箱、车载充电机、高压导线、充电插头、动力电池、驱动电机及减速器、充电插座、电动压缩机和 PTC 加热器等，如图 1-2-3 所示。

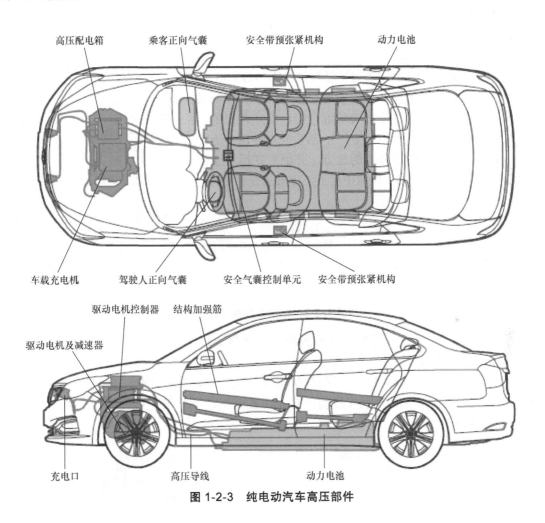

图 1-2-3　纯电动汽车高压部件

1.2 **新能源汽车维修工具仪器检查与使用**

新能源汽车的维修工具除了传统汽车用到的维修工具外，还会用到高压防护工具、绝缘工具和各种检测工具。

1.3.1 **高压安全防护工具和维修工具及其检查**

1. 高压防护工具

① 绝缘垫。绝缘垫是具有较大的电阻率和耐电击穿的胶垫，主要在电动汽车维护时铺在地面，起到绝缘作用，在雨季湿度大或地面潮湿时，绝缘垫就更加重要了。

② 放电工装。新能源汽车上有许多大电容，断电后电容中储存的电能还没有释放，这时进行高压操作有触电危险，需要使用放电工装放电后才能进行操作。

③ 绝缘手套。绝缘手套（图 1-3-1）由天然橡胶制成，起到对人体保护的作用，具有防水、防电、防油、防化、耐酸碱等功能。绝缘手套是操作高压电气设备时重要的绝缘防护装备，使用 6 个月必须进行预防性试验，绝缘手套检查方法如图 1-3-2 所示。

当绝缘手套变脏时，需要用肥皂和温度不超过 65℃的清水冲洗，然后彻底干燥并涂上滑石粉。清洗后，如果发现仍然粘附有像焦油或油漆之类的混合物，应立即用清洁剂清洗此部位（但清洁剂不宜过多），然后立即冲洗。绝缘手套应存放在干燥、阴凉通风的地方，并倒置在指形支架或存放在专用的储存柜内，绝缘手套上不得堆压任何物品。

图 1-3-1　绝缘手套

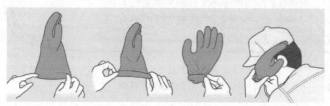

图 1-3-2　绝缘手套检查方法

④ 皮手套。皮手套（图 1-3-3）在拆除及安装高压部件时使用，套在绝缘手套的外面，起到保护绝缘手套的作用。

⑤ 绝缘头盔。当电动汽车处于举升状态进行维护时应使用绝缘头盔（图 1-3-4）。使用前，应检查绝缘头盔有无开裂或损伤，有无明显变形，下颚带是否完好、牢固。佩戴时，适当调整并系好下颚带。

图 1-3-3　皮手套

图 1-3-4　绝缘头盔

⑥ 防护目镜。检查和维护电动汽车时需要佩戴防护目镜（图 1-3-5）。防护目镜主要防止电弧伤眼。使用前，检查防护目镜是否有裂痕、损坏。

⑦ 绝缘鞋。绝缘鞋（图 1-3-6）是在高压操作时使人与大地绝缘的防护工具，一般在较为潮湿的场地使用。穿绝缘鞋前，检查鞋面是否有磨损，鞋面是否干燥，鞋底是否断裂。绝缘鞋应放在干燥通风的地方，不能随意摆放，避免接触高温、尖锐物品和酸、碱、油类物品。

图 1-3-5　防护目镜

图 1-3-6　绝缘鞋

⑧ 绝缘服。绝缘服（图 1-3-7）主要作用是高压操作时对维修人员的身体进行保护。绝缘服应保管在通风、透气、清洁、干燥的库房内，相对湿度不大于80%。绝缘服不宜接触明火和有锐角的坚硬物体。绝缘服清洗后必须晾干，折叠整齐后放入袋内保存。绝缘服保管期间不宜与酸、油、碱及腐蚀性物质接触。

2. 绝缘维修工具

绝缘维修工具如图 1-3-8 所示。绝缘维修工具与传统维修工具相比，两者用法相同，但多加了抗高压

图 1-3-7　绝缘服

的绝缘层，要求绝缘柄耐电压 1000V 以上，从而保证维修人员的人身安全。

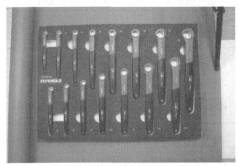
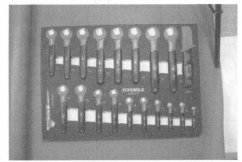

图 1-3-8　绝缘维修工具

绝缘维修工具包括绝缘扳手、绝缘开口扳手、绝缘螺丝刀、验电笔、绝缘套筒扳手等。

绝缘维修工具在使用前都要检查有无破损、金属刺穿等受损情况，若有则不能再使用于高压维修作业，还要检查有无潮湿、沾水以及脏污，若有则需要清理待恢复性能才能再次使用。

绝缘维修工具使用完要放在阴凉、干燥的地方，定期用绝缘测试仪检查绝缘维修工具最薄弱处的绝缘电阻值，若小于 1MΩ 则禁止使用。

1.3.2　检测工具及其使用方法

1. 数字万用表

数字万用表是一种多功能、多量程的仪表，用于测量（直流 / 交流）电流、（直流 / 交流）电压、电阻等。数字万用表显示清晰，准确度高，分辨力强，测试范围宽，测试功能

齐全，抗干扰能力强。DY2201 型万用表如图 1-3-9 所示，功能开关说明见表 1-3-1。

使用数字万用表时，应注意：

① 不要接到高于 1000V 直流或 700V 交流电压上去。

② 旋动功能 / 量程开关之前，注意拔出表笔，以免损坏机械保护机构。

③ 仪表后盖完全盖好前切勿使用。

④ 更换电池须在拔出表笔及关闭电源开关后进行。旋出电池盖螺钉，后推电池盖，即可将电池盖取下，按规格要求更换电池。

2. 数字电流钳

数字电流钳可以在不断电的情况下测量电气线路的电流，用于专门检测交流大电流，因为工作部分呈钳状，所以又叫作钳形电流表。

在电动汽车维修与诊断时，经常会需要测量导线中的电流。由于驱动系统的导线（如逆变器与电机之间）存在较大的交变电流，需要使用钳形电流表进行间接测量。

图 1-3-9　DY2201 型万用表

表 1-3-1　功能开关说明表

功能开关图样	功能说明	功能开关图样	功能说明
V ---	直流电压测量	℃	温度测量 /℃
V ∼	交流电压测量	hFE	晶体管测量
Ω	电阻测量	DWELL	占空比（%）测量
⇥	二极管 PN 结电压测量	DUTY	汽车点火闭合角测试 /（°）
·)))	电路的通断测量	TACHX10	汽车发动机转速测量 /（r/min）
A ---	直流电流测量	HOLD	数据保持开关
A ∼	交流电流测量	Power	电源开关

钳形电流表工作部分主要由一只电流表和穿心式电流互感器组成。穿心式电流互感器铁心制成活动开口，且成钳形，是一种不需断开电路就可直接测电路交流电流的携带式仪表。

测量电流时，可以按以下步骤进行：

① 估算电流大小，选择正确的档位与电流类型。例如，如果需要测量三相电动机的一相电流，如图 1-3-10 所示，选择交流电流档。

② 打开电流钳，将被测量线路放入电流钳口之中。

注意：测量时电流钳应该保持钳口闭合，否则则无法测出正确的电流，如图 1-3-11 所示。

图 1-3-10　数字电流钳的量程选择

图 1-3-11　数字电流钳测量示意图

③ 起动被测量装置，读取电流值。

④ 如需测量一个变化的电流，应在上步的基础上按下"MAX"键后再起动电流钳（或根据钳形电流表使用说明操作）。

3. 绝缘测试仪

绝缘电阻是表征电动汽车电气好坏的重要参数。高压导线绝缘介质的老化或受潮湿环境的影响等会导致高压电路和底盘之间的绝缘性能下降，负极引线通过绝缘层和底盘构成漏电电流回路，使底盘电位上升危及乘客的人身安全。为了消除高压电对车辆和驾乘人员人身的潜在威胁，保证电动汽车电气系统安全，在汽车维护时需要使用绝缘测试仪检测绝缘电阻。

绝缘测试仪主要分为高能数字绝缘测试仪和绝缘电阻表，分别如图 1-3-12、图 1-3-13 所示。

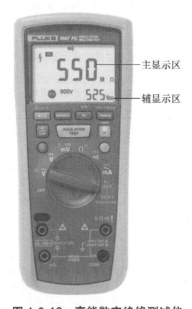

图 1-3-12　高能数字绝缘测试仪

图 1-3-13　绝缘电阻表

高能数字绝缘测试仪是一种由电池供电的绝缘测试仪，用于测试交 / 直流电压、搭铁耦合电阻和绝缘电阻。

绝缘测试只能在不通电的电路上进行。图1-3-14所示为测试绝缘性能的示意图，黑表笔接车身，红表笔接电气元件相应的端子。操作步骤见表1-3-2。

绝缘电阻表是用来测量大电阻和绝缘电阻的检测仪器，计量单位是 MΩ，所以又叫兆欧级电阻表。

绝缘电阻表俗称摇表，由一个手摇发电机、表头和三个接线柱（L 为接线端，E 为搭铁端，G 为屏蔽端）组成。

测量前，先估算电阻值，然后选择适当的量程。

测量前，需要检测绝缘电阻表能否正常工作，此时需要做两个试验：

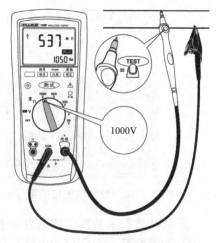

图 1-3-14　测试绝缘性能的示意图

① 断路试验。将绝缘电阻表放置平稳牢固的地方，将 L 接线柱和 E 接线柱分开，从慢到快摇发电机达到 120r/min 的额定转速，观察指针是否指在刻度 "∞" 的位置，如果是，为正常。

表 1-3-2　绝缘测试仪的测试步骤

操作步骤	操作说明
将测试仪探头插入 V 和 COM（公共）输入端	—
将旋转开关转至所需要的测试电压	—
将探头与待测电路连接，测试仪仪会自动检测电路是否通电	如果电路中的电压超过 30V（交流或直流），在主显示位置显示电压超过 30V 以上警告的同时，还会显示高压符号。在这种情况下，禁止测试。在继续操作之前，先断开测试仪的连接并关闭电源
按压测试按钮，此时将获得一个有效的绝缘电阻值读数	辅显示位置上显示被测电路上所施加的测试电压。主显示位置上显示高压符号并以 MΩ 或 kΩ 为单位显示电阻。显示屏的下端出现测试图标，直到释放测试按钮。当电阻超过最大显示量程时，测试仪显示 ">" 符号以及当前量程的最大电阻
继续将探头留在测试点上，然后释放测试按钮，被测电路即开始通过测试仪放电	被测电路通过测试仪放电。主显示位置显示电阻读数，直到开始新的测试或者选择了不同功能或量程，或者检测到了 30V 以上的电压

② 短路试验。将绝缘电阻表放置平稳牢固的地方，将 1 接线柱和 E 接线柱短接，从慢到快摇发电机达到 120/min 的额定转速，观察指针是否指在刻度 "0" 的位置，如果是，为正常。绝缘电阻表如图 1-3-15所示。

测量时，必须正确接线。测量回路对搭铁电阻时 L 接线柱与回路的裸露导体连接，E 接线柱连接搭铁线或金属外壳；测量回路的绝缘电阻时，回路的首端与尾端分别与接线柱 L、E 连接；测量电缆的绝缘电阻时，为防止电缆表面泄漏电流对测量精度产生影响，应将电缆的屏蔽层接至 G接线柱。线路接好后，转动摇把，从慢到快摇发电机达到 120r/min 的额定转速后，匀速转动，1min 后读数，并且边摇边读数，不能停下来读数。

图 1-3-15　绝缘电阻表

绝缘电阻表测量完毕，应立即使被测物放电，在绝缘电阻表未停止转动和被测物未放电之前，不可用手去触及被测物的测量部位或进行拆线，以防止触电。

注意：
- 测量前，将被测物体断电，并进行放电，不允许带电测试，以确保检测人员人身安全。
- 绝缘电阻表的引线之间应当保持一定距离，确保数据的准确性。
- 测量时，被测量物体上不能有人。
- 禁止在雷电时或者高压设备旁测试绝缘电阻。
- 被测物表面应擦拭干净，不得有污物（如漆等），以免造成测量数据不准确。

4. 故障诊断仪

故障诊断仪（俗称解码器）是用于检测汽车故障的便携式设备，如图 1-3-16 所示，利用它可以迅速地读取汽车电控系统中的故障，并通过液晶显示屏显示故障信息，迅速查明发生故障的部位及原因。

故障诊断仪的主要功能如下：
① 方便、可靠地读取故障码。
② 清除故障码。
③ 读取数据流。
④ 元件动作测试。
⑤ 其他辅助功能。

图 1-3-16　故障诊断仪

通常一款故障诊断仪适配多种车型，汽车上的诊断座都是统一的，更方便故障诊断仪的使用。

1.4　新能源汽车高压安全防护措施

1.4.1　新能源汽车的安全隐患

新能源汽车的电气系统可分为低压电气系统、CAN 网络通信系统和高压电气系统。低压电气系统是指 12V 电源及车身电气系统；CAN 网络通信系统是包括整车控制器、BMS 和电机控制器之间的通信网络；高压电气系统包括动力电池、驱动电机及其控制器。以下阐述的新能源汽车安全隐患主要针对高压电气系统。

新能源汽车安全隐患包括高压触电、动力电池泄漏与燃烧以及车辆特殊情况下可能存在的其他风险等。

1. 高电压安全隐患

无论是纯电动汽车，还是混合动力汽车，其电压和电流等级都比较高。动力电池的电压一般在 300~600V，正常工作时，电流可达几百安。

人体能承受的安全电压的高低取决于人体允许通过的电流和人体电阻。人体电阻主要是由体内电阻、体表电阻、体表电容组成。人体电阻随着条件不同在很大范围内变化，但是一般不低于 1kΩ。我国民用电网中的安全电压多采用 36V，大体相当于人体允许电流 30mA（以人体电阻为 1200Ω 计算）的情况，这就要求人体可接触的新能源汽车任意两个带电部位的电压要小于36V。图1-4-1所示是在新能源汽车中人体触电的主要形式，以288V电压为例。

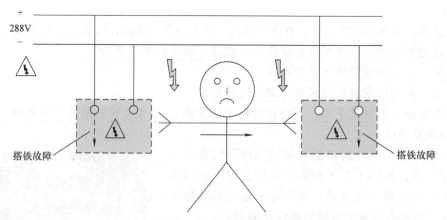

图 1-4-1　人体触电的主要形式

对于系统中的高电压部件，假如由于内部破损或者潮湿，有可能会传递给外壳一个电势。如果两个部件外壳具有不同电势，在两个外壳之间会形成具有危险性的电压。此时，如果手触及这两个部件，就会发生触电的危险。

人体没有任何感觉的电流阈值是2mA。这就要求如果人或其他物体构成动力电池系统（或"高电压"电路）与搭铁之间的外部电路，最坏的情况下泄漏电流不能超过2mA即人直接接触电气系统任一点时，流过人体的电流都小于2mA。

2. 动力电池安全隐患

新能源汽车的关键部分是动力电池，对于动力电池安全性的研究是分析新能源汽车安全性的前提。近年来，锂离子动力电池在纯电动汽车和混合动力汽车上得到广泛应用。下面以锂离子动力电池为例，介绍动力电池的安全性。

锂离子动力电池在正常使用过程中不会出现安全问题，但滥用动力电池会导致动力电池热效应加剧，这是锂离子动力电池出现安全问题的导火索，最终表现为动力电池"热失控"，从而引起安全事故。导致热失控有以下几种情况。

（1）过充电与过放电

充电时，特别是在动力电池充电末期，动力电池内部离子的浓度增加，扩散性能下降，浓差极化增加，动力电池接受能力下降，动力电池再充电就会出现过充电。过充电时，如果动力电池散热较好，或者过充电流很小，此时动力电池的温度较低，过充电后只发生电解液的分解，动力电池仍然安全；如果此时动力电池散热较差，或者由于高倍率充电导致动力电池温度很高而引发化学反应，往往导致安全隐患。

同样，在动力电池放电末期提供大电流放电的能力下降，当动力电池剩余电量不足而又需要大电流放电时，就会使动力电池过放电。当动力电池负极的锂离子完全脱出以后，为了维持电流，动力电池负极表面电极电位低的物质继续被氧化，同时正极材料中的锂离子有可能发生还原反应。过放电时，由于动力电池负极的锂离子减少，脱出能力下降，极化电压增加，此时很容易导致动力电池负极的活性物质脱落，造成动力电池内部短路。动力电池内部短路的直接表现就是迅速产生热量而产生着火隐患。

（2）过电流

锂离子动力电池过电流主要有以下几种情况。

① 低温环境下充放电。在低温环境下，由于动力电池的导电性和扩散性下降，特别是动力电池负极的锂离子活动能力下降，动力电池可接受电流的能力下降，容易导致动力电池出现过电流。

② 动力电池老化。动力电池性能下降（包括容量降低、内阻增加、倍率特性下降等）后，仍按照原来电流充电容易导致相对电流过大。

③ 单体电池并联成组。在充电过程中，由于单体电池一致性的差异，单体电池的内阻各不相同，分配到各单体电池的充电电流不同，可能会导致分配到某些单体电池的电流远大于充电电流，从而导致单体电池过热而损坏。

④ 动力电池的内外部短路。动力电池短路会在瞬间产生很大的电流，动力电池内部温度急剧升高，从而使动力电池发生泄漏、起火等事故。

（3）动力电池过热

除了上述提到的过充电、过放电、过电流会导致动力电池过热，以下几种情况也会引起电池过热。

① 动力电池的热管理系统失效。具体表现为动力电池总成内温度传感器损坏，或者检测控制电路失效、散热风扇损坏。

② 动力电池温度采样点有限。单体电池数量众多，很难对每个单体电池都实现温度检测。采样点一般都在动力电池模组正负极接线柱上，或者通过贴片采集电池模组外壳的温度，不能反映单体电池内部的实际温度。

③ 工作环境温度高。如果动力电池靠近驱动电机或空气压缩机等发热部件，会导致模组电池过热。动力电池温度升高会产生的隐患包括动力电池本身性能逐步下降，进一步加剧了动力电池内部短路。此外，由于单体电池本身温度过高，导致单体电池产生热变形，也会引发泄漏等事故。

3. 危险运行工况下的安全隐患

新能源汽车由于存在高电压，因此在行驶中发生事故时，如果没有很好的安全设计，很容易发生安全问题，这些安全隐患如下。

① 高压系统短路。当动力系统的高压导线短路时，将会导致动力电池瞬间大电流放电，此时动力电池和高压线束的温度迅速升高，将会导致动力电池和高压线束燃烧，严重时还可能引起电池爆炸。若动力电池的高压母线与车身短路，乘员可能会触碰到动力电池的高压电，从而产生触电伤害。

② 发生碰撞或翻车。当纯电动汽车发生碰撞或翻车时，可能导致动力系统高压短路，此时动力系统瞬间产生大量热量，存在发生燃烧甚至爆炸的风险。此外，还可能造成高压零部件脱落，对乘员造成触电伤害。如果动力电池受到碰撞或因为燃烧导致温度过高，有可能造成电池电解液泄漏，对乘员造成伤害，发生碰撞或翻车还会对乘员造成机械伤害。

③ 涉水或遭遇暴雨。当纯电动汽车涉水或遭遇暴雨等恶劣天气条件时，由于雨水侵蚀，高压的正极与负极之间可能出现绝缘电阻变小甚至短路的情况，可能引起电池燃烧、漏液甚至爆炸，若电流流经车身，可能使乘员有触电风险。

④ 充电时车辆的无意识移动。车辆在充电时如果发生移动，可能会造成充电电缆断

裂，使乘员以及车辆周围人员有触电风险；若充电电缆断裂前正在进行大电流充电，还可能造成电池的高压接触器粘连，从而进一步增大人员的触电风险。

1.4.2 新能源汽车高压安全防护设计

1. 维修开关设计

为了确保维修人员在对电动汽车进行操作时没有触电危险，大多数车辆设计了维修开关。当断开维修开关时，动力电池的高压电输出立即中断，然后需要等 5min 才能接触高压部件。

2. 高压互锁

① 结构互锁。当电动汽车的高压系统中某个插接器被带电断开时，动力电池管理器便会检测到高压互锁回路存在断路（图 1-4-2），为保护人员安全，将立即发出警告并断开主高压回路电气连接，同时激活主动泄放。

② 功能互锁。当车辆在进行充电或插上充电枪时，电动汽车的高压电控系统会限制整车不能通过自身驱动系统驱动，以防止可能发生的线束拖拽或安全事故。

图 1-4-2　高压插接器中的高压互锁回路

3. 碰撞保护

当车辆发生碰撞时，动力电池管理器检测到碰撞信号大于一定阈值时，会切断高压系统主回路的电气连接，同时通知电机控制器激活主动泄放，从而可使发生碰撞时的短路危险、人员电击危险降至最低。

4. 高电压自放电

电机控制器中含有主动泄放回路，当检测到车辆发生较大碰撞、高压回路中某处插接器出现被断开状态、高压电控组件存在开盖情况，主动放电回路会在 5s 内把预充电容电压降低到 60V 以下，迅速释放危险电能，以保证人员安全。

在高压电路内设计有主动泄放回路的同时，电机控制器、空调驱动控制器等内部含有高压的部件内部同时设计有被动泄放回路，可在 2min 内把预充电容电压降低到 60V 以下，被动泄放作为主动泄放失效的二重保护。

5. 短路保护电路

短路保护通常使用熔断器（图 1-4-3）对电路进行保护，与传统汽车相比，电动汽车涉及高压电，熔断器的规格相对更高，如 80A、100A 等。熔断器主要是为了保护其他元件不会因过热而烧坏，熔断器断路后达到断电、保护电路的目的。

6. 绝缘监控电路

为保证人员免遭触电风险，高压系统应当设置绝缘电阻对电路进行监控，若绝缘电阻的

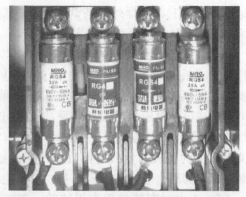

图 1-4-3　某车型高压控制器内的熔断器

电阻值过小，整车电路应当发出接触器断开指令。

7. 漏电保护

很多电动汽车具有内部控制漏电保护功能，当出现漏电时，高压控制总成或高压配电箱中相应传感器将信号反馈给动力电池管理器，动力电池管理器可立即作出反应，进行动力电池母线自动断电、高压泄放（高压释放是指高压的电控产品存在异常问题时，在几秒内将高压降到一定电压以下），以保证人身安全。

8. 开盖检测保护

部分电动汽车的重要高压电控部件具有开盖检测保护机构（图 1-4-4），当发现这些部件的盖子在整车高压回路未断开的情况下打开时，会立即发出警告，同时断开高压主回路电气连接，并激活主动泄放。

图 1-4-4　某车型电机控制器内的开盖检测保护机构

驱动电机结构原理与维修保养

【知识目标】

1）能够叙述对新能源汽车驱动电机的要求。

2）能够分析驱动电机主要性能参数。

3）能够掌握驱动电机的分类。

4）能够理解驱动电机的结构及工作原理。

【技能目标】

1）能够正确举升车辆和进行高压上、下电操作。

2）能够正确进行驱动电机工作状态检查。

3）能够正确进行驱动电机性能检查。

4）能够正确进行驱动电机分解和部件检查与测量。

5）能够正确查询驱动电机系统电路图。

6）能够正确连接故障诊断仪进行故障码读取与清除。

7）能够正确对驱动电机线束/插接器/端子引发故障进行诊断；能够正确对驱动电机漏电、过热等故障进行诊断。

8）作业结束后，能够正确收集、清洁和整理工具，对工位进行7S操作。

【素养目标】

1）遵守工作场所相关法律法规和政策要求，拥有高的安全意识。

2）在需要的时候，协助他人并提供帮助。

3）能够合理地分析和解决完成分配的任务时出现的问题。

4）理解和阅读工作文件，报告书写清晰、简洁。

2.1 驱动电机结构原理

2.1.1 驱动电机概述

驱动电机及其控制系统是新能源汽车的主要执行机构，驱动电机的性能决定了新能源汽车的主要性能。与传统汽车相比，驱动电机取代了发动机，将电能转化为机械能以驱动汽车。

纯电动汽车的驱动电机可分为有刷或无刷直流电机、永磁或电磁直流电机、交流异步电机，永磁同步电机、开关磁阻电机等，它们的选用也与整车配置、用途和档次有关。另外，驱动电机的调速控制可分为有级调速和无级调速，有采用电子调速控制器和不用调速控制器之分。

电机有轮毂电机、内转子电机以及单电机驱动、多电机驱动和组合电机驱动等。电动汽车的电机驱动系统把电能转化为机械能，并通过传动装置或直接将动力传递到车轮，进而驱动车辆按照驾驶人意志行驶，在车辆制动时把车辆的动能再生为电能反馈到动力电池中以实现车辆的再生制动。近 90% 的电机由旋转磁场设备组成，其主要优势在于可通过旋转磁场从定子向转子进行非接触式能量传输。这样就不需要直流电机换向器等磨损件。驱动电机的关键参数如下：

额定转速：在额定功率下电机的转速，单位为 r/min。

电机转矩：电机的输出转矩，为电机的基本参数之一，单位为 N·m。

额定功率：电机在额定电压、额定环境等条件下电机轴上的输出功率，单位为 kW。

效率：指电机有效输出功率与输入功率之比，类型电机不同，效率曲线也不同。

（1）电动汽车对驱动电机的要求

电动汽车对电机的要求主要有如下几点：

① 电压高。在允许的范围内，尽可能采用高电压，可以减小电机的尺寸和质量，特别是可以降低逆变器的成本。

② 转速高。电动汽车所采用的感应电动机的转速可达 12000 ~ 20000r/min，高转速电动机的体积较小、质量较轻，有利于降低整车的装备质量。

③ 质量轻，体积小。可通过采用铝合金外壳等途径降低电动机的质量，各种控制装置和冷却系统的材料等也尽可能选用轻质材料。

④ 电机应具有较大的起动转矩和较宽范围的调速性能，以满足起动、加速、行驶、减速、制动所需的功率与转矩。

⑤ 电动汽车驱动电机需要有 4 ~ 5 倍的过载能力，以满足短时加速行驶与最大爬坡度的要求，而工业驱动电机只要求有 2 倍左右的短时过载能力即可。

⑥ 电动汽车驱动电机应具有高的可控性、稳态精度和动态性能，而工业驱动电机只要求满足某种特定性能。

⑦ 电机应具有高效率、低损耗，在车辆减速时可进行制动能量回收。

⑧ 电气系统安全性和控制系统的安全性应达到有关标准和规定。

⑨ 电机应具有高的可靠性、耐温和耐潮性，运行时噪声低，能够在较恶劣的条件下长期工作。

⑩ 结构简单、适合大批量生产、使用维修方便、价格便宜等。

（2）驱动电机的主要性能参数

驱动电机的主要性能参数有额定功率、额定电压、额定电流、额定频率、额定转速、额定效率、额定功率因数、绝缘等级、比功率、过载能力等。

① 额定功率。额定功率指电机在制造厂所规定的额定条件下运行时，其输出端的机械功率，单位为 kW。

② 额定电压。额定电压是指电机在额定条件下运行时，外加于定子绕组上的线电压，单位为 V。一般规定电机的工作电压不应高于或低于额定值的 5%，当工作电压高于额定值时，电机容易发热；当工作电压低于额定值时，会引起输出转矩减小，转速下降，电流增加，也会使绕组过热。

③ 额定电流。额定电流指电机在额定电压和额定输出功率时，定子绕组的线电流，单位为 A。

④ 额定转速。额定转速指电机在额定电压、额定频率下，输出端有额定功率输出时转子的转速。单位为 r/min，电动汽车所采用的三相交流感应电机的转速一般为 12000 ~ 20000r/min。

⑤ 额定效率。额定效率指电机在额定条件下运行时的效率，是额定输出功率与额定输入功率的比值，电机在其他工况运行时的最高效率为峰值效率，整体效率越高越好，电动汽车还需要在车辆减速和制动时实现能量回收，再生制动回收能量一般可达到总能量的 10% ~ 15%。

⑥ 额定功率因数。对于交流电机，定子相电流比相电压滞后一个角度 ϕ，$\cos\phi$ 就是交流电机的功率因数。三相交流电机的功率因数较低，在额定负载时为 0.7 ~ 0.9，而在轻载和空载时更低，因此必须正确选择电机的容量，防止出现"大马拉小车"的现象，并力求缩短空载时间。

⑦ 绝缘等级。电机的绝缘性是按电机绕组所用的绝缘材料在使用时容许的极限温度来分级的，称为绝缘等级。所谓极限温度，是指电机绝缘结构中最热点的最高容许温度，绝缘等级与极限温度的对应关系见表 2-1-1。

表 2-1-1　绝缘等级与极限温度的对应关系

绝缘等级	130（B）	155（F）	180（H）	200（N）
极限温度 /℃	130	155	180	200

⑧ 比功率。比功率指单位质量电机输出的功率，单位是 kW/kg，比功率越大越好。

⑨ 过载能力。过载能力指电机在超过额定载荷（功率、转矩、电流等）条件下工作的能力。电动汽车电机应具有较大的起动转矩和较大的调速性能，可使汽车有良好的起动性和加速性，以获得起动、加速、行驶、减速、制动时所需要的功率与转矩。

⑩ 其他指标。除了上面所述及的性能参数外，电机还要求可靠性好、耐湿和耐潮性好、运行噪声低、振动小、能够在较恶劣的环境下长时间工作、结构简单、适合大批量生产、使用维修方便、性价比高等。

2.1.2　电机的分类、结构与原理

目前，应用于新能源汽车的驱动电机主要包括直流电机、交流电机和开关磁阻电机三类，其中在乘用车、商用车领域应用较为广泛的电机包括直流（无刷）电机、交流感应（异步）电机、永磁同步电机、开关磁阻电机等。其他特殊类型的驱动电机包括轮毂/轮边电机、混合励磁电机、多相电机等，目前市场化应用较少，能否大规模推广需要更长时间的验证。电动汽车用电机性能对比见表 2-1-2。

表 2-1-2　电动汽车用电机性能对比

项目	直流电机	交流感应电机	永磁同步电机	开关磁阻电机
功率密度	低	中	高	较高
过载能力（%）	200 左右	300～500	300 左右	300～500
峰值效率（%）	85～89	94～95	95～97	90 左右
额定效率（%）	80～87	90～92	90～93	78～86
功率因数（%）	—	82～85	90～93	60～65
转速范围（r/min）	4000～6000	12000～20000	4000～10000	> 15000
可靠性	一般	好	好	优良
结构的坚固性	差	好	一般	优良
电机外形	大	中	小	小
电机质量	重	中	轻	轻
控制操作性能	最好	好	好	好
控制器成本	低	高	高	一般

1. 电机的结构

电动汽车常用的电机种类有直流电机、交流感应电机、永磁同步电机、开关磁阻电机等。

（1）直流电机的结构

直流电机是将直流电能转换为机械能的电机。直流电机构造简图如图 2-1-1 所示。

直流电机的定子由机座、主磁极、励磁绕组、端盖和电刷装置组成，其作用是建立磁场，使通电电枢产生电磁转矩。主磁极总是对立出现，通电后 S 极和 N 极对立排列。

直流电机的转子由电枢铁心、电枢绕组、转轴和换向器组成，在直流电动机中，其载流的转子在定子磁场作用下旋转。

直流电机的换向器也称为整流子，作

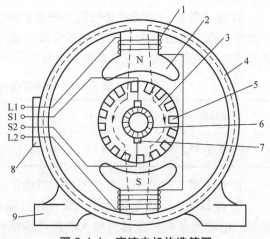

图 2-1-1　直流电机构造简图

1—励磁绕组　2—主磁极　3—电枢铁心　4—磁轭
5—电枢绕组　6—换向器　7—电刷　8—出线盒　9—机座

用是将电刷上的直流电源的电流变换成电枢绕组内的交变电流，使电磁转矩的倾向稳定不变，在直流发电机中，它将电枢绕组交变电动势变换为电刷端上输出的直流电动势。

（2）三相交流感应电机的结构

交流感应电机的种类很多，但各类三相感应电机的基本结构是相同的，都由定子和转子这两大基本部分组成，图 2-1-2 所示为常见的交流感应电机结构，在定子和转子之间具有一定的气隙，还有接线盒、吊环、风扇、风扇罩等附件。

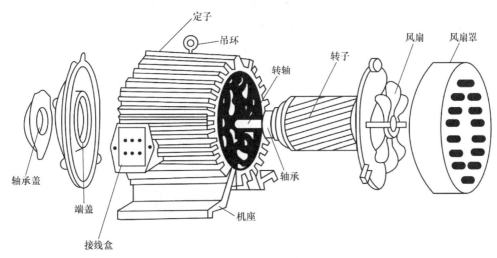

图 2-1-2 常见的交流感应电机结构

定子是用来产生旋转磁场的，一般由外壳、定子铁心、定子绕组等部分组成。

① 外壳。交流感应电机外壳包括机座、端盖、轴承盖、接线盒及吊环等部件。现在很多小型电机机壳是用压铸或挤压合金铝制作而成。机座由铸铁或铸钢浇铸成型，它的作用是保护和固定电机的定子绕组。电机的机座还有两个端盖通过轴承支撑着转子。通常，机座的外表要求散热性能好，所以一般都铸有散热片。端盖也由铸铁或铸钢浇铸成型，其作用是把转子固定在定子内腔中心，使转子能够在定子中均匀地旋转。轴承盖也是由铸铁或铸钢浇铸成型的，其作用是固定转子，使转子不能轴向移动，另外起到存放润滑脂和保护轴承的作用。接线盒一般由铸铁浇铸而成，其作用是保护和固定绕组的引出线端子。

② 定子铁心。交流感应电机定子铁心是电机磁路的一部分，由 0.35 ~ 0.5mm 厚的薄硅钢片叠压而成，如图 2-1-3 所示。因为硅钢片较薄且片与片之间是绝缘的，所以减少了由于交变磁通通过而引起的铁心涡流损耗。铁心内圆有均匀分布的槽，用来嵌放定子绕组。

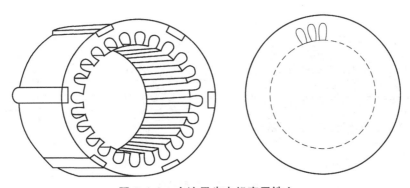

图 2-1-3 交流异步电机定子铁心

③ 定子绕组。交流异步电机的定子绕组是三相电机的电路部分，三相电机有三相绕组，通入三相对称电流时，就会产生旋转磁场。三相绕组由 3 个彼此独立的绕组组成，且每个绕组又由若干线圈连接而成。每两相绕组在空间相差 120° 电角度。

线圈大多由绝缘铜导线或绝缘铝导线绕制而成，中、小型三相电机多采用圆漆包线，大、中型三相电机的定子线圈则用较大截面的绝缘扁铜线或扁铝线。绕制后，再按一定规律嵌入定子铁心槽内。定子三相绕组的 6 个出线端都引至接线盒内，首端分别标为 U_1、V_1、W_1，末端分别标为 U_2、V_2、W_2，这 6 个出线端在接线盒里的排列如图 2-1-4 所示，可以接成星形或三角形。

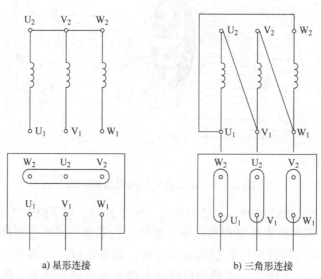

a) 星形连接　　　　　　　　　　b) 三角形连接

图 2-1-4　定子绕组排列图

④ 转子铁心。交流异步电机的转子铁心是用 0.5mm 厚的硅钢片叠压而成的，套在转轴上，作用与定子铁心相同，一方面作为电机磁路的一部分，另一方面用来安放转子绕组。

⑤ 转子绕组。交流异步电机的转子绕组分为绕线式与笼型两种。笼型绕组在转子铁心的每一个槽中插入一根铜条，在铜条两端各用一个铜环（称为端环）把铜条连接起来，称为铜排转子，如图 2-1-5a 所示。也可用铸铝的方法，把转子导条、端环和风扇叶片用铝液一次浇铸而成，称为铸铝转子，如图 2-1-5b 所示。普通用途的交流感应电机一般采用铸铝转子。

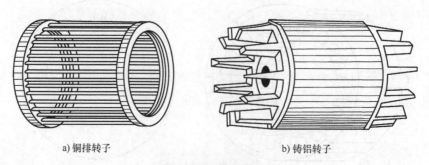

a) 铜排转子　　　　　　　　　　b) 铸铝转子

图 2-1-5　笼型转子

⑥ 其他部分包括轴承、风扇等。风扇是用来通风冷却电机的。三相异步电机的定子与转子之间的气隙一般为 0.2 ~ 1.5mm。气隙不能太大，气隙大时产生的转矩小，会使电机运行时的功率因数降低；但也不能太小，气隙太小时会导致装配困难，如果内有异物或转轴有挠度时容易卡堵（扫膛），运行不可靠，高次谐波磁场增强，引起附加损耗以及起动性能变差。

（3）永磁同步电机的基本结构

永磁同步电机的基本结构（图 2-1-6）与交流异步电机类似，都包括定子部分和转子部分。永磁同步电机的转子结构有瓦片式、嵌入式和内埋式等多种。永磁同步电机的定子由铁心和三相绕组组成，与交流异步电机相似，但转子为永久磁铁。

a) 电机转子　　　　　　　　　　　　　　b) 电机定子

图 2-1-6　永磁同步电机

（4）开关磁阻电机结构

开关磁阻电机的基本组成部件有转子和定子。

图 2-1-7　开关磁阻电机

开关磁阻电机的转子铁心由导磁性能良好的硅钢片叠压而成，转子的凸极上无绕组。转子的作用是构成定子磁场磁通路，并在磁场力的作用下转动，产生电磁转矩。转子的凸极个数为偶数。实际应用的开关磁阻电机的转子凸极最少有 4 个（2 对），最多有 16 个（8

对）。

开关磁阻电机的定子铁心也是由硅钢片叠压而成的，成对的凸极上绕有 2 个串联的线圈。定子的作用是定子绕组按顺序通电，产生电磁力牵引转子转动。定子凸极的个数也是偶数，最少的有 6 个，最多的有 18 个。目前应用较多的是四相8/6极结构和三相6/4极结构。

2. 电机的工作原理

（1）直流电机基本工作原理

直流电机内定子产生磁场，电流通过转子上的线圈，在磁场作用下产生电磁力，当转子上的线圈与磁场方向平行时，此时转子末端的电刷与换向片交替接触，从而线圈中的电流方向也改变，使线圈上的电磁力方向保持不变，所以电机能保持一个方向转动。

直流发电机的工作原理就是把电枢线圈中感应的交变电动势，靠换向器配合电刷的换向作用，使之从电刷端引出时变为直流电动势。导体受力的方向用左手定则确定（左手四指伸直，四指与拇指在同一平面且垂直。磁感线穿过手心，四指指向电流方向，则拇指指向电磁力方向），如图 2-1-8 所示。这一对电磁力形成了作用于电枢的一个力矩，这个力矩在旋转电机里称为电磁转矩，转矩的方向是逆时针方向，企图使电枢逆时针方向转动。如果此电磁转矩能够克服电枢上的阻转矩（例如由摩擦引起的阻转矩以及其他负载转矩），电枢就能按逆时针方向旋转起来，如图 2-1-9 所示。直流电机体积和质量较大，存在换向火花、电刷磨损以及电机本身结构复杂等问题，使得直流电机慢慢被交流异步电动机、永磁同步电机和开关磁阻电机取代，现在只有城市的无轨电车、观光车、电动叉车和电动巡逻车还在使用。

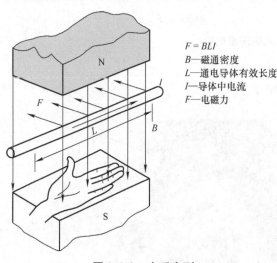

$F = BLI$
B—磁通密度
L—通电导体有效长度
I—导体中电流
F—电磁力

图 2-1-8　左手定则

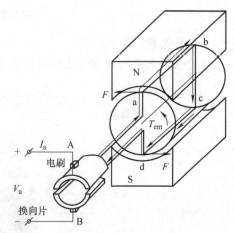

图 2-1-9　直流电机工作原理

（2）交流异步电机的工作原理

三相异步电机定子接三相电源后，电机内便形成圆形旋转磁动势和圆形旋转磁场，设其方向为逆时针转，若转子不转，笼形转子导条与旋转磁密有相对运动，导条中有感应电动势 e，感应电动势方向由右手定则确定。如图 2-1-10 所示，右手四指伸直，四指与拇指在同一平面且垂直。磁感线穿过手心，拇指指向导条运动方向，则四指指向的为导条中感应电流的方向。由于转子导条彼此在端部短路，于是导条中有电流，不考虑电动势与电流的相位差时，电流方向同电动势方向。这样，导条就在磁场中受力 F，用左手定则确定受力方向。

　　转子受力，产生转矩 T，为电磁转矩，方向与旋转磁动势同方向，转子便在该方向上旋转起来。转子旋转后，转速为 n，只要 $n < n_1$（n_1 为旋转磁动势转速，称为电机的同步转速），转子导条与磁场仍有相对运动，产生与转子不转时相同方向的电动势、电流及受力，电磁转矩 T 仍旧为逆时针方向，转子继续旋转，稳定运行在负载转矩情况下。

　　（3）永磁同步电机的工作原理

　　永磁同步电机转子为永磁体，当定子绕组输入三相正弦交流电时，会产生一个旋转磁场。该旋转磁场与转子的永磁体磁场相互作用，使转子产生电磁转矩，并随着定子的旋转磁场转动，由于转子的转动与旋转磁场同步，故称之为同步电机。

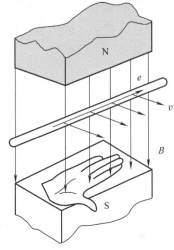

图 2-1-10　右手定则

　　（4）开关磁阻电机的工作原理

　　图 2-1-11 中仅画出其中一相绕组（A 相）的连接情况。当定子、转子凸极正对时，磁阻最小；当定子、转子凸极完全错开时，磁阻最大。当 B 相绕组通入电流时，由于磁通总是选择磁阻最小的路径闭合，为减少磁路的磁阻，转子将顺时针旋转，直到转子凸极 2 与定子凸极 B 的轴线重合。

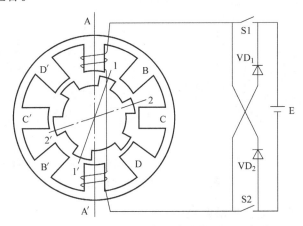

图 2-1-11　开关磁阻电机的结构原理示意图

　　当各电子开关依次控制 A、B、C、D 四个定子绕组通电时，转子会不断受电磁力的作用而持续转动。如果定子绕组按 D→A→B→C 的顺序通电，则转子会逆着励磁顺序以逆时针方向连续旋转。反之，若按 B→A→D→C 的顺序通电，则电机转子会沿顺时针方向转动。

2.1.3　驱动电机应用

　　电动汽车早期采用的是直流电机，随后逐步采用的是交流感应电机、永磁同步电机和开关磁阻电机等。当前比亚迪、吉利帝豪等车型常用的电机为永磁同步电机。

1. 吉利帝豪 EV450

吉利帝豪 EV450 的驱动电机为永磁同步电机，驱动电机及其控制器安装位置如图 2-1-12 所示。驱动电机由转子总成、旋变转子、定子壳体总成和后端盖总成等组成，结构如图 2-1-13 所示。

电机控制器
驱动电机

图 2-1-12　吉利帝豪 EV450 驱动电机位置

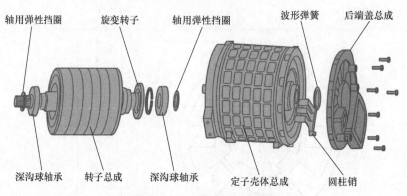

轴用弹性挡圈　　旋变转子　　轴用弹性挡圈　　波形弹簧　　后端盖总成

深沟球轴承　　转子总成　　深沟球轴承　　定子壳体总成　　圆柱销

图 2-1-13　驱动电机结构

吉利帝豪 EV450 驱动电机规格见表 2-1-3。

表 2-1-3　吉利帝豪 EV450 驱动电机规格表

项目	参数	单位
额定功率	42	kW
峰值功率	120	kW
额定转矩	105	N·m
峰值转矩	250	N·m
额定转速	4200	r/min
峰值转速	12000	r/min
电机旋转方向	从轴伸端看电机，逆时针旋转	—

（续）

项目	参数	单位
温度传感器类型	NTC	—
温度传感器型号	SEMITEC 13-C310	—
冷却液类型	乙二醇型防冻液，冰点 ≤ −40℃	—
冷却液流量要求	8	L/min

2. 比亚迪 e5

比亚迪 e5 搭配的驱动电机为永磁同步电机，其参数见表 2-1-4。比亚迪 e5 的驱动电机安装在前机舱内。驱动电机采用水冷，由外圈定子、内圈转子、温度传感器、旋转变压器等组成。

表 2-1-4　比亚迪 e5 驱动电机参数表

项目	参数	单位
最大输出转矩	310	N·m
额定转矩	160	N·m
最大输入功率	160	kW
额定功率	80	kW
最高输出转速	12000	r/min
电机总成质量	103	kg
总减速比	9.342	—
传动比	3.158	—
主减速传动比	2.958	—
电机轴中心与差速器中心的距离	239	mm
变速器润滑油量	1.8	L

电机采用液体冷却方式，在壳体上开有冷却水道如图 2-1-14 所示。

比亚迪 e5 驱动电机温度传感器和旋变传感器的插接器安装在电机后端盖上，棕色为旋变传感器的，黑色为温度传感器的，如图 2-1-15 所示。

图 2-1-14　驱动电机外壳上的冷却水道

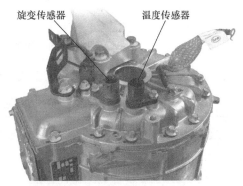

图 2-1-15　温度传感器（黑色）和旋变传感器（棕色）安装位置

比亚迪 e5 温度传感器和旋变传感器插接器如图 2-1-16、图 2-1-17 所示。

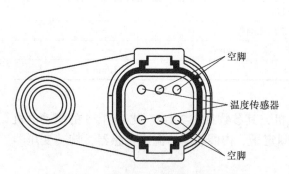

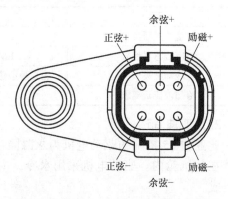

图 2-1-16　驱动电机温度传感器插接器　　**图 2-1-17　驱动电机旋变传感器插接器**

3. 比亚迪 e2

比亚迪 e2 动力总成由驱动电机、驱动电机控制器和变速器三者集成，布置在前舱。驱动电机主要是将电机控制器提供的电能转化为机械能输出至变速器，以及将变速器输入的机械能转换为电能输出至电机控制器；驱动电机控制器主要是控制动力电池与驱动电机之间能量传输的装置；变速器实现对动力电机的减速增扭作用。比亚迪 e2 驱动电机转子和定子如图 2-1-18 所示。

a) 转子　　　　　　　　　　　　　　　　b) 定子

图 2-1-18　比亚迪 e2 驱动电机转子和定子

比亚迪 e2 驱动电机总成参数见表 2-1-5。

表 2-1-5　比亚迪 e2 驱动电机总成参数表

项目	参数
驱动电机最大输出转矩	180N·m
驱动电机额定转矩	70N·m
驱动电机最大输入功率	70kW
驱动电机额定功率	35kW

（续）

项目	参数
驱动电机最高输出转速	12100r/min
驱动电机总成质量	64kg
变速器润滑油量	0.65L ± 0.05L
工作电压	220 ~ 500V
低压工作电压	9 ~ 16V

2.2　驱动电机一般检查保养及更换 ★

2.2.1　高压系统下电及验电

1. 吉利帝豪 EV450 高压系统断电

吉利帝豪 EV450 高压系统具有高压互锁功能，断开某一高压系统的插接器，高压系统会自动断电。为安全起见，应断开动力电池连接车载充电机（集成高压分配盒）的直流母线，从而达到高压系统断电的目的。

打开前机舱盖，如图 2-2-1，断开蓄电池负极电缆，然后等待至少 5min。

图 2-2-1　断开动力电池负极电缆

找到车载充电机（集成高压配电盒）直流母线插接器，佩戴绝缘手套，向上推动直流母线插接器卡扣保险，如图 2-2-2 所示。

如图 2-2-3 所示，向上拉起直流母线插接器卡扣，插接器会松开，如图 2-2-4 所示。向外完全拔出直流母线插接器。

拔出直流母线插接器后，至少等待 5min。将万用表量程调整到直流 1000V 档，如图 2-2-5 所示，使用万用表测量直流母线端正负极之间的电压，此时电压应低于 1V。

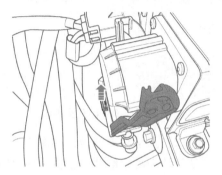

图 2-2-2　向上推动直流母线插接器卡扣保险

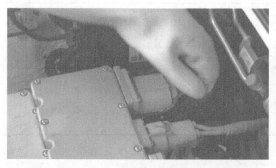

图 2-2-3　向上拉起直流母线插接器卡扣

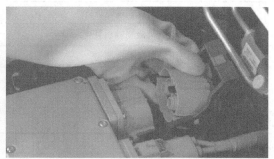

图 2-2-4　完全拔出直流母线插接器

图 2-2-5　高压断电后的验电操作

　　高压供电恢复时，直流母线插接器垂直对准插座并用手预紧，然后向下轻按插接器卡扣，卡扣卡到位后会听到轻微的"咔嚓"声，再向下按压直流母线插接器卡扣保险，使其锁止。安装后，应再次检查插接器安装是否到位。

2. 比亚迪 e5 高压系统下电

　　① 打开扶手箱，并取出内部物品，如图 2-2-6 所示。

　　② 使用螺丝刀拆卸扶手箱内隔板的 4 颗螺钉，如图 2-2-7 所示。

图 2-2-6　打开扶手箱

图 2-2-7　拆卸扶手箱内隔板的 4 颗螺钉

　　③ 取出扶手箱内隔板，如图 2-2-8 所示。

　　④ 拉动手动维修开关手柄呈竖直状态，如图 2-2-9 所示。

　　⑤ 沿垂直方向向上提拉并取出手动维修开关，如图 2-2-10 所示。

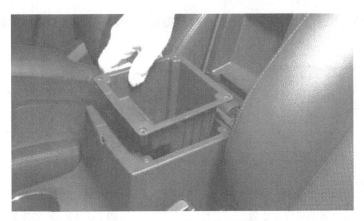

图 2-2-8　取出扶手箱内隔板

图 2-2-9　拉动手动维修开关手柄呈竖直状态

图 2-2-10　向上取出手动维修开关

⑥ 使用电工绝缘胶布封住手动维修开关插接器母端。

2.2.2　驱动电机工作状态检查

1. 驱动电机紧固螺栓检查、外观检查和清洁保养

① 使用压缩空气或干布对驱动电机外壳进行清洁，可以适当使用清洁剂。

② 检查驱动电机表面有无油渍，检查驱动电机与减速机构接缝是否漏油，驱动电机外观检查如图 2-2-11 所示。

图 2-2-11　驱动电机外观检查

③ 使用力矩扳手检查驱动电机紧固螺栓是否符合规定力矩。

④ 检查驱动电机上下水管有无裂痕和接口处是否泄漏，驱动电机上下水管如图 2-2-12、图 2-2-13 所示。

图 2-2-12　驱动电机上水管

图 2-2-13　驱动电机下水管

⑤ 目测车身底部保护层，检查驱动电机是否有磕碰、损坏。

2. 驱动电机工作温度、工作电压及工作电流检查

以下操作以比亚迪车型为例。

① 取出故障诊断仪，并按要求先连接故障诊断仪，如图 2-2-14 所示。

② 打开车门，在仪表台下方找到 OBD 诊断接口，并将故障诊断仪连接到 OBD 诊断接口上，如图 2-2-15 所示。

③ 打开点火开关，打开故障诊断仪电源，依次进入"诊断→选择品牌→选择车型诊断→选择品牌→控制单元诊断→动力模块→ VTOG →读数据流"选项，待故障诊断仪与车辆通信完成后，在显示屏上查看驱动电机当前工作温度、工作电压和工作电流数据，如图 2-2-16 所示。

图 2-2-14　连接故障诊断仪

图 2-2-15　故障诊断仪与 OBD 诊断接口连接

a) 驱动电机转子和定子温度

b) 驱动电机交流A、B、C相电压

图 2-2-16　故障诊断仪显示驱动电机工作温度、电压、电流数据

c) 驱动电机控制器IGBT温度、电压　　　　d) 驱动电机当前工作电压

图 2-2-16　故障诊断仪显示驱动电机工作温度、电压、电流数据（续）

3. 驱动电机温度传感器、旋转变压器阻值的检查

① 断开蓄电池负极导线连接，安全举升车辆。如图 2-2-17 所示，拔下驱动电机低压插接器。

② 查阅维修手册，找到驱动电机低压插接器端子图及注解。

③ 万用表量程选择 20kΩ 档，分别测量 BV13 端子 1 和端子 2、端子 3 和端子 4 之间的电阻检查两个电机温度传感器电阻值，如图 2-2-18 所示，吉利帝豪 EV450 车型温度传感器检查标准见表 2-2-1。

④ 参照图 2-2-18，万用表量程选择 20kΩ 档，吉利帝豪 EV450 车型参照表 2-2-2 测量驱动电机旋转变压器电阻值；比亚迪 e5 车型参照表 2-2-3 测量驱动电机旋转变压器电阻值。

图 2-2-17　拔下驱动电机低压插接器　　　　图 2-2-18　万用表测量电机温度传感器电阻值

表 2-2-1　吉利帝豪 EV450 车型温度传感器检查标准

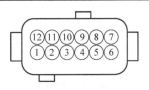

驱动电机线束插接器 BV13

测量位置 A	测量位置 B	测量标准值 /Ω
端子 1#：NTC 温度传感器 1+	端子 2#：NTC 温度传感器 1-	-40℃时，正常电阻值为 241 ± 20
		20℃时，正常电阻值为 13.6 ± 0.8
		85℃时，正常电阻值为 1.6 ± 0.1
端子 3#：NTC 温度传感器 2+	端子 4#：NTC 温度传感器 2-	电阻值随温度升高而降低，电阻值随温度降低而升高

表 2-2-2　吉利帝豪 EV450 驱动电机旋转变压器电阻值

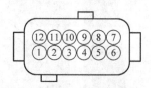

驱动电机线束插接器 BV13

测量部件	测量位置 A	测量位置 B	测量标准值 /Ω
旋变余弦绕组	BV13-7　COSL	BV13-8　COSL	14.5 ± 1.5
旋变正弦绕组	BV13-9　SINL	BV13-10　SINL	13.5 ± 1.5
旋变励磁绕组	BV13-11　REFL	BV13-12　REFL	9.5 ± 1.5

表 2-2-3　比亚迪 e5 驱动电机旋转变压器电阻值

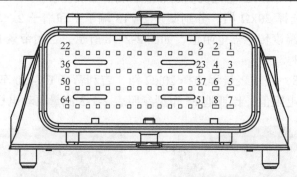

信号	测量位置 A	测量位置 B	测量标准值 /Ω
旋变励磁绕组	端子 59（励磁信号 −）	端子 60（励磁信号 +）	8 ± 1
旋变余弦绕组	端子 61（余弦 +）	端子 62（余弦 −）	16 ± 1
旋变正弦绕组	端子 63（正弦 +）	端子 64（正弦 −）	16 ± 1

2.2.3　驱动电机性能检查

1. 驱动电机三相线束的更换

驱动电机三相线束的更换步骤如下：

① 拆卸前，先进行高压下电操作，详细步骤见 2.2.1 小节相关内容。

② 拆卸固定接线盒盖的螺栓。

③ 用扳手拧下固定三相线束和接线座铜排的螺栓，螺栓位置如图 2-2-19 所示。

④ 拧下固定三相线束的螺栓，拔出三相线束，三相线束位置如图 2-2-19 所示。

⑤ 取下驱动电机三相线束。

⑥ 拔出驱动电机端盖上的温度传感器和旋变插接器。

2. 驱动电机三相线束绝缘电阻的检查

① 进行高压断电操作。

② 断开接驱动电机端三相线束插接器 BV19，如图 2-2-20 所示。

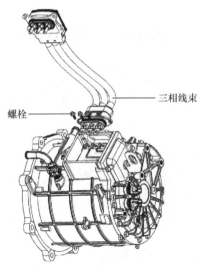

图 2-2-19　拆卸驱动电机三相线束

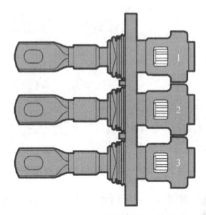

图 2-2-20　吉利帝豪 EV450 接驱动电机
线束插接器 BV19

③ 断开接 PEU 端三相线束插接器 BV18。

④ 用万用表按表 2-2-4 所示端子顺序进行测量。

表 2-2-4　三相线束绝缘电阻值

测量位置 A	测量位置 B	测量标准值
BV19-1	BV19-2	标准电阻：≥ 20MΩ
BV19-1	BV19-3	
BV19-2	BV19-3	

3. 驱动电机绝缘电阻检查

（1）吉利帝豪 EV450 车型驱动电机绝缘电阻检查

① 操作前，先铺设翼子板垫，室内防护套装，准备绝缘工具、绝缘手套、与车辆对应的维修手册等，并检查绝缘测试仪，再参照 2.2.1 小节相关内容进行高压下电操作。

② 拆卸电机控制器侧三相线束插接器 3 颗紧固螺栓，如图 2-2-21 所示。

③ 拆卸电机控制器盖板的 8 颗紧固螺栓，如图 2-2-22 所示。

图 2-2-21　拆卸电机控制器侧三相线束插接器螺栓

图 2-2-22　拆卸电机控制器盖板紧固螺栓

④ 如图 2-2-23 所示，取下电机控制器盖板。

⑤ 拆卸电机控制器内部的 3 颗三相线束插接器端子紧固螺栓，如图 2-2-24 所示。

图 2-2-23　取下电机控制器盖板

图 2-2-24　拆卸电机控制器内部三相线束端子螺栓

⑥ 如图 2-2-25 所示，从电机控制器上取下三相线束插接器端子。

⑦ 打开绝缘测试仪电源开关，调节测试电压至 1000V 档位，如图 2-2-26 所示。

图 2-2-25　取下三相线束插接器端子

图 2-2-26　调节绝缘测试仪测试电压

⑧ 如图 2-2-27 所示，将绝缘测试仪黑色表笔夹子夹在驱动电机外壳上；红色表笔与三相线束端子可靠接触，如图 2-2-28 所示。

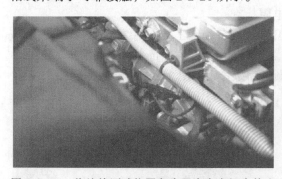

图 2-2-27　将绝缘测试仪黑色夹子夹在电机壳体上

图 2-2-28　绝缘测试仪红色表笔接测试端子

⑨ 如图 2-2-29 所示，按压绝缘测试仪 TEST（测试）按钮，测量当前相线的绝缘电阻值。待绝缘测试仪屏幕显示稳定后，即可得到测量值，如图 2-2-30 所示，驱动电机绝缘电阻值一般不小于 50MΩ。

⑩ 依次测量其他两相的绝缘电阻。测量结束后，先关闭绝缘测试仪的电源开关，再从驱动电机上取下负极夹子。

图 2-2-29　按压测试按钮开始测量

图 2-2-30　测量得到的数值

（2）比亚迪车型驱动电机绝缘电阻检查

① 操作前，先铺设翼子板垫和驾驶室内防护套装，准备绝缘工具、绝缘手套、与车辆对应的维修手册等，并检查绝缘测试仪，再参照 2.2.1 小节相关内容进行高压下电操作。

② 拆卸四合一电控箱前方的驱动电机三相线束插接器 4 颗紧固螺栓，如图 2-2-31 所示。

③ 从四合一电控箱上取下驱动电机三相线束插接器，如图 2-2-32 所示。

图 2-2-31　拆卸驱动电机三相线束插接器紧固螺栓

图 2-2-32　取下驱动电机三相线束插接器

④ 打开绝缘测试仪电源开关，调节测试电压至 1000V 档位，如图 2-2-33 所示。

⑤ 如图 2-2-34 所示，将绝缘测试仪黑色线夹夹在驱动电机外壳上；红色表笔与三相线束端子可靠接触，并按压 TEST（测试）按钮，开始测试，如图 2-2-35 所示。

⑥ 待绝缘测试仪屏幕显示稳定后即可得到测量值，如图 2-2-36 所示，驱动电机绝缘电阻一般不小于 50MΩ。

图 2-2-33　调节绝缘测试仪测量电压

图 2-2-34　绝缘测试仪黑色线夹接驱动电机壳体

图 2-2-35　红色线夹接测试端子并开始测量

图 2-2-36　测量结果显示

⑦ 依次测量其他两相的绝缘电阻。测量结束后，先关闭绝缘测试仪的电源开关，再从驱动电机壳体上取下负极夹子。

4. 驱动电机总成更换★★

拆解顺序：

① 进行高压断电，详细步骤见 2.2.1 小节内容。

② 断开车载充电器处直流母线。

③ 操作空调制冷剂的回收程序。

④ 拆下左、右前轮。

⑤ 拆卸舱底部护板总成。

⑥ 拆卸车载充电器。

⑦ 拆卸电机控制器，参见 3.2.2 小节内容。

⑧ 拆卸制冷空调管。

⑨ 拆卸驱动轴。

⑩ 拆卸压缩机。

⑪ 拆卸电动真空泵。

⑫ 拆卸冷却冷却液泵。

⑬ 拆卸驱动电机。

a. 分别断开图 2-2-37 所示 TCU 控制器插接器 1、减速器电机插接器 2 和拆卸线束卡扣 3。

b. 断开图 2-3-38 所示驱动电机插接器 1，并拆卸线束卡扣 2。

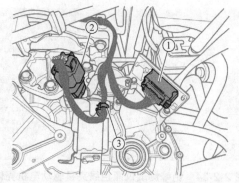

图 2-2-37　断开 TCU 插接器、电机插接器和卡扣

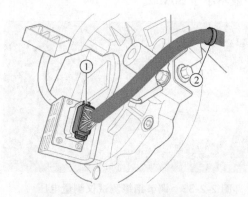

图 2-2-38　断开电机插接器和线束卡扣

c. 拆卸如图 2-2-39 所示线束搭铁线。

d. 拆卸图 2-2-40 所示电机进、出水管环箍，脱开电机冷却水管。

注意：水管脱开前，应在车辆底部放置容器，接住防冻液，以免污染地面。拆卸或安装水管环箍时，都应使用专用的环箍钳。

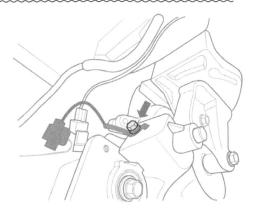

图 2-2-39　拆卸线束搭铁线

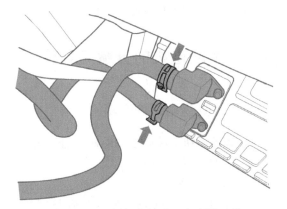

图 2-2-40　拆卸电机进、出水管环箍

e. 拆卸后悬置。

f. 举升车辆到合适高度，如图 2-2-41 所示，在车底放置举升平台车。

g. 降下车辆，拆卸图 2-2-42 所示动力总成 2 颗紧固螺母。

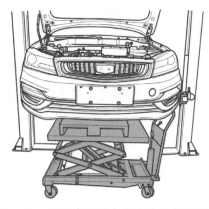

图 2-2-41　举升车辆后在车底放置举升平台车

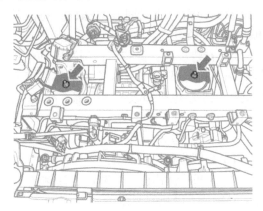

图 2-2-42　拆卸动力总成紧固螺母

h. 缓慢下降举升平台车，将动力总成从车上取下。

安装顺序：

a. 将驱动电机总成放置在举升平台工具上。

b. 缓缓上升举升平台车。

c. 紧固驱动电机总成 2 颗紧固螺母（参考图 2-2-42），拧紧力矩为 80N·m。

d. 连接驱动电机进、出水管（参考图 2-2-40）。

注意：环箍装配位置应该与管路标示线对齐。

e. 安装线束搭铁线，拧紧力矩为 9N·m（参考图 2-2-39）。

f. 连接驱动电机线束插接器 1（参考图 2-2-38）。

g. 安装线束卡扣 2（参考图 2-2-38）。

h. 连接 TCU 控制器线束插接器 1（参考图 2-2-37）。

i. 连接减速器电机线束插接器 2（参考图 2-2-37）。

j. 安装线束卡扣 3（参考图 2-2-37）。

其余安装按照与拆卸相反的顺序进行即可。

2.3 驱动电机的分解与检查 ★★

2.3.1 驱动电机的分解

1. 驱动电机与减速机构总成的分离与安装

（1）吉利帝豪 EV450

1）分解步骤

① 吉利帝豪 EV450 驱动电机与减速机构总成分离需要先将驱动电机与减速机构总成从车上拆解下来，详细步骤见本书 2.2.3 小节"4. 驱动电机总成更换"。

② 拆卸图 2-3-1 中箭头所指示的驱动电机及减速器总成之间紧固螺栓，将驱动电机和减速器分离。

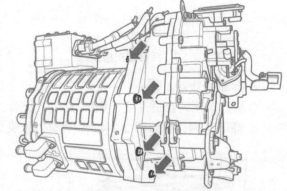

图 2-3-1　拆卸驱动电机及减速器总成之间紧固螺栓

2）安装步骤：安装前，刮除驱动电机与减速器接合残留的密封胶，不要使密封胶屑掉入驱动电机和减速器内部。安装时，涂抹新的密封胶。安装时，对角均匀加力，拧紧力矩 23N·m。

（2）比亚迪 e5

1）分解步骤

① 打开放油螺栓，将减速器油排放干净，拧紧放油螺塞组件于箱体上，防止在拆卸过程中异物掉入减速器腔体。

② 如图 2-3-2 所示，交错拧开用于固定减速器箱体与电机的紧固螺栓（拧紧力矩 79N·m），将减速器与电机分离。

图 2-3-2　拆卸电机与减速器总成的紧固螺栓并分离减速器与电机

2）安装步骤：安装前，刮除驱动电机与减速器接合残留的密封胶，不要使密封胶屑掉入驱动电机和减速器内部。安装时，涂抹新的密封胶。

2. 驱动电机三相线束的拆装与电阻检查

1）拆卸步骤

① 车辆下电，参见 2.2.1 小节内容。

② 拆卸三相线束与电机控制器线束插接器。

③ 拆卸三相线束

a. 拆卸三相线束 3 个固定卡扣，如图 2-3-3a 所示。

b. 拆卸三相线束插接器 3 颗紧固螺栓 1，如图 2-3-3b 所示。

c. 拆卸电机线束盖板 10 颗紧固螺栓 2，取下电机线束盖板及密封垫，如图 2-3-3b 所示。

d. 拆卸 3 个端子紧固螺栓，取出三相线束，如图 2-3-3c 所示。

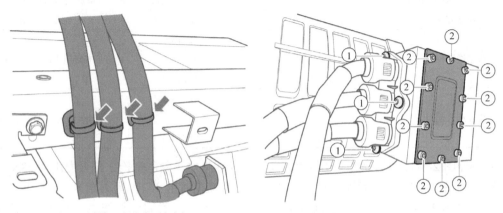

a) 拆卸三相线束固定卡扣　　　　　　　　　b) 拆卸三相线束插接器紧固螺栓

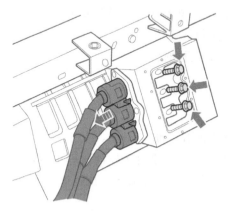

c) 拆卸三相线束端子紧固螺栓

图 2-3-3　吉利帝豪 EV450 驱动电机三相线束的拆装

2）电阻检查步骤：三相线束电阻检查见表 2-3-1。

3）安装步骤：

① 安装三相线束：

表 2-3-1　三相线束电阻检查

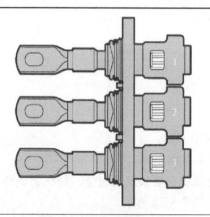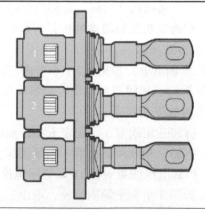

	接驱动电机的线束插接器 BV19	接驱动电机控制器的线束插接器 BV18	
测量方法	测量位置 A	测量位置 B	测量标准值
线路通断测量	BV19-1	BV18-1	标准电阻：小于 1Ω
	BV19-2	BV18-2	
	BV19-3	BV18-3	
相互绝缘测量	BV19-1	BV18-2	标准电阻：大于 20MΩ
		BV18-3	
	BV19-2	BV18-3	

a. 参照图 2-3-3c 所示放置三相线束，紧固三相线束端子紧固螺栓，拧紧力矩为 23N·m。

b. 参照图 2-3-3b 所示紧固三相线束插接器 3 颗紧固螺栓 1，拧紧力矩为 9N·m。

c. 参照图 2-3-3b 所示放置电机线束盖板以及密封垫，紧固电机线束盖板 10 颗紧固螺栓 2，拧紧力矩为 9N·m。电机端盖合盖时，注意螺栓拆装顺序，密封良好。

d. 参照图 2-3-3a 所示安装三相线束 3 个固定卡扣。

e. 安装三相线束与电机控制器连接端子。

f. 连接直流母线与车载充电机插接器。

② 连接蓄电池负极电缆。

③ 加注冷却液。

④ 关闭机舱盖。

3. 驱动电机温度传感器插接器更换

当温控插接器处出现问题时，需要对温控插接器进行拆卸维修。在拆分过程中，应注意保护好所有零部件，防止零部件被意外损坏。比亚迪 e5 温控插接器装在驱动电机端盖上，为黑色。

① 用扳手将图 2-3-4 所示的紧固螺栓 1 拆下来。

② 将图 2-3-4 中所示的温度传感器插接器 2 取出来，将温度传感器插接器中间部分取下，如图 2-3-5 所示。

③ 取新的温度传感器插接器连上旋变引线端插接器，在温度传感器插接器装配面涂上一层润滑油，箱体配合孔也涂上一层润滑油。再将温度传感器插接器插入后箱体配合孔内。最后将图 2-3-4 中所示的紧固螺栓 1 装上，拧紧力矩为 12N·m。

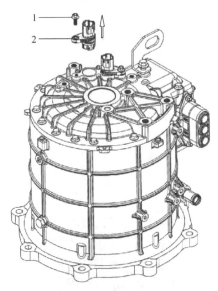

图 2-3-4　温度传感器插接器

图 2-3-5　分离温度传感器插接器中间部分

4.驱动电机壳体的分离与组装

拆卸端盖时，螺栓取下后要用专用的台架将轴的花键端顶起（因为转子与端盖是一体的）。具体拆卸过程如下：

① 用扳手将后端盖与电机壳体的紧固螺栓拆下。

② 用专用工具将端盖从壳体上取下。由于之前装端盖时在接合面处涂抹了密封胶，在端盖拆下后要对电机内部进行清洁，不得让异物掉入电机内部。

注意：拆卸端盖前，要检查紧固件是否齐全，并记录损伤情况，以免在装配过程中有紧固件遗落在电机内部。拆下的小零件应配在一起，放在专用零件箱内，便于装配。

对电机内部进行维修完毕后，要对端盖进行安装。

安装端盖时，先在箱体接合面处涂抹密封胶，利用定位销对端盖与箱体进行定位，然后用力矩扳手将紧固螺栓拧紧，拧紧力矩为 25N·m。

5.驱动电机转子的拆装

拆卸驱动电机转子需要先拆除驱动电机端盖，详情参见 2.3.1 小节 "4.驱动电机壳体的分离与组装"。

利用提转子工具取出电机转子，维修完后装配转子再安装端盖。

注意：直接用手抽出转子，较重的转子要考虑起重工具和起重设备。在检修现场往往是在短轴端塞入一个"假轴"，将轴接长，便可一次性抽出转子，如图 2-3-6 所示。

6.驱动电机定子的拆装

先拆除驱动电机转子，详情参见 2.3.1 小节 "5.驱动电机转子的拆装"。

再拆驱动电机定子：

① 用扳手将图 2-3-7 中固定接线座铜排和定子引出线的螺栓 2 拧下。用扳手将固定定子紧固螺栓 1 拧下。

② 将定子 3 从电机内取出并维修。

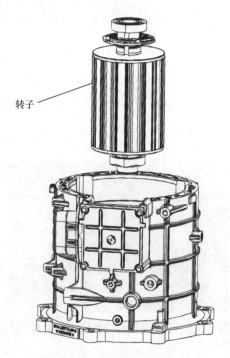

转子

图 2-3-6　取出驱动电机转子

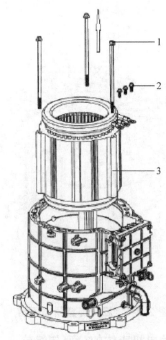

1

2

3

图 2-3-7　定子的拆装

安装步骤：

① 维修完毕后，将电机定子装入电机内，将紧固螺栓 2 用 12N·m 力矩拧紧。

② 将紧固螺栓 1 用 25N·m 力矩拧紧。

③ 要对端盖进行安装，安装端盖时先在箱体接合面处涂抹上密封胶，利用定位销对端盖与箱体进行定位，然后用力矩扳手将螺栓拧紧。

7. 旋变的拆装

（1）旋变插接器的拆卸

当旋变插接器处出现问题时，需要对旋变插接器进行拆卸维修。在拆分过程中，注意保护好所有零部件，防止零部件被意外损坏。比亚迪 e5 旋变插接器安装在驱动电机端盖上，为棕色。

① 用扳手将图 2-3-8 中所示的旋变插接器紧固螺栓 1 拆下来。

② 将旋变插接器 2 取出来，并分离旋变插接器与中间部分，如图 2-3-9 所示。

③ 取新的旋变插接器连上旋变引线端插接器，在旋变插接器装配面涂上一层润滑油，箱体配合孔也涂上一层润滑油。再将旋变插接器插入后箱体配合孔内。最后将紧固螺栓 1 装上，拧力矩为 12N·m。

（2）旋变定子的拆装

用扳手将图 2-3-10 中所示的紧固螺栓 1 拧下，将定子引出线从旋变插接器中拔出后取出旋变定子 2。

8. 密封环、轴承拆装

（1）密封环拆卸

拆卸密封环前，要确保将电机水道内的冷却液排放干净。

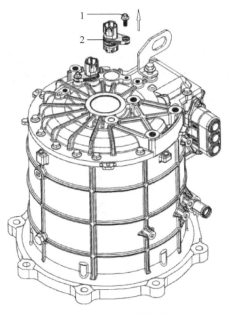

图 2-3-8 旋变插接器

图 2-3-9 分离旋变插接器中间部分

如图 2-3-11 所示，将电机旋变插接器端朝下平放，在进水管通上气压，将出水管道堵塞密封，利用气压将密封环带 O 形圈 1、2 压出后箱体。

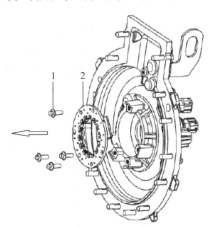

图 2-3-10 拆卸旋变定子

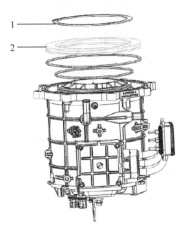

图 2-3-11 拆卸密封环

（2）维修与安装

将密封环带 O 形圈或水道筋进行维修或更换。将维修好或新的密封环带 O 形圈或水道筋涂抹润滑油进行安装。安装完毕后进行水压密封性检测。

（3）滚动轴承的拆装

注意：由于拆卸滚动轴承时会磨损配合表面，降低配合精度，所以不应轻易拆卸轴承。检修时，只有遇到下列情况才需拆卸滚动轴承。

① 修理或更换有故障的轴承。

② 轴承已超过使用寿命，需更换。

③ 更换其他零部件时必须拆下轴承。

④ 轴承安装不良，需重新装配。

从轴上拆轴承时，应使轴承内圈均匀受力；从轴承室拆轴承时，应使外圈受力均匀。热套的轴承因过盈量大，不允许采用冷拆法。冷拆法不但拆卸困难，而且会损伤轴承配合精度，增大轴承噪声，所以必须采用热拆法。轴承见图 2-3-12 中件 1、件 2。

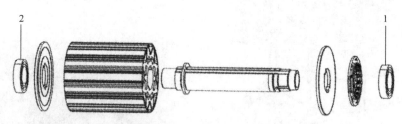

图 2-3-12　拆卸滚动轴承

2.3.2　驱动电机部件检查与测量

1. 驱动电机壳体外观及密封盖检查

① 检查驱动电机壳体有无碰撞痕迹。

② 检查驱动电机前后端盖与壳体接缝有无漏液痕迹。

2. 驱动电机气隙长度测量

气隙是定子磁极和转子电枢之间自然形成的缝隙，它虽然不是结构部件，却是主磁路重要部分，是机电能量转换媒介。气隙大小直接影响电机性能，磁损耗越小，效率越高，但受机械加工精度和旋转同轴度限制，因此随电机容量（体积）和最高允许转速增加而增大。比亚迪 e5 车型 Y 系列（IP23）和 Y 系列（IP44）电机气隙长度分别见表 2-3-2 和表 2-3-3。

表 2-3-2　Y 系列（IP23）电机气隙长度　　　　　　　　（单位：mm）

中心高	160	180	200	225	250	280	315
2 级	0.8	1.0	1.1	1.2	1.5	1.6	1.8
4 级	0.55	0.65	0.7	0.8	0.9	1.0	1.4
6 级	0.45	0.5	0.5	0.55	0.65	0.7	1.2
8 级	0.45	0.5	0.5	0.55	0.65	0.7	1.0

表 2-3-3　Y 系列（IP44）电机气隙长度　　　　　　　　（单位：mm）

中心高	80	90	100	112	132	160	180	200	225	250	280	315
2 级	0.3	0.35	0.4	0.45	0.55	0.65	0.8	1.0	1.1	1.2	1.5	1.8
4 级	0.25	0.25	0.3	0.3	0.4	0.5	0.55	0.65	0.7	0.8	0.9	1.25
6 级	—	0.25	0.25	0.3	0.35	0.4	0.45	0.5	0.5	0.55	0.65	1.05
8 级	—	—	—	—	0.35	0.4	0.45	0.5	0.5	0.55	0.65	0.9

测量方法：

测量工具采用宽度 10 ~ 15mm、长度 300 ~ 1000mm 的塞尺。塞尺应沿定子端盖上互隔 120°的气隙进行测量。塞尺插入铁心长度不小于 30mm。塞尺要插入定、转子铁心表面上，不可偏斜，不要插在槽楔上。

气隙不均匀度是指定转子中心偏差 ξ 与制造气隙 δ 的比值，即 ξ/δ。不均匀度有两种表示方法，一种是"最大、最小气隙法"，见式（1）。另一种是"120°三孔法"，见式（2）。

气隙不均匀度：
$$\xi/\delta = \pm\left(\delta_{（大或小）} - \delta_{cp}\right)/\delta_{cp} \tag{1}$$

平均气隙：
$$\delta_{cp} = \left(\delta_{大} + \delta_{小}\right)/2$$

气隙不均匀：
$$\xi/\delta = 2\left(\delta_1^2 + \delta_2^2 + \delta_3^2 - \delta_1\delta_2 - \delta_2\delta_3 - \delta_1\delta_3\right)^2/3\delta \tag{2}$$

3. 驱动电机空载和负载时电流检查

① 驱动电机空载电流检查

a. 将车辆开进维修间。

b. 举升车辆，使车轮悬空。

c. 连接故障诊断仪。

d. 确认车轮无任何接触，起动车辆使车轮空转。

e. 读取驱动电机数据流。

② 驱动电机负载电流检查。将车辆开到路试道路，一人驾车，另一人负责读取电机负载数据流。

4. 驱动电机运转时工作声音及振动频率检查

驱动电机的电磁噪声在极低速输出大转矩时会变得更加明显。当遇到此工况时，电机控制器就会降低 IGBT 的变换频率，这时就会出现上述状况。这并不意味着电机控制器的特性或控制存在问题。

驱动电机运转时工作声音及振动频率检查方法见表 2-3-4。

表 2-3-4　驱动电机运转时工作声音及振动频率检查

检查项目	检查步骤
电机紧固螺栓	① 操作起动开关使电源模式至 OFF 状态 ② 检查驱动电机后端盖与悬架支架紧固螺栓是否紧固 ③ 检查驱动电机前端盖与减速器壳体紧固螺栓是否紧固 ④ 紧固驱动电机紧固螺栓
检查驱动电机冷却系统	① 操作起动开关使电源模式至 ON 状态 ② 检查冷却管路管路无老化、变形、渗漏 ③ 确认散热器、管路无水垢、堵塞现象 ④ 确认冷却液泵是否工作正常 ⑤ 如果冷却系统有故障，优先排除冷却系统故障
检查驱动电机线束插接器	① 操作起动开关使电源模式至 OFF 状态 ② 检查驱动电机低压线束插接器是否插接牢固、无松脱 ③ 检查驱动电机高压线束插接器是否插接牢固、无松脱 ④ 如果有松动，重新固定插接器
检查驱动电机三相线束紧固力矩	① 进行高压下电操作 ② 检查三相线检查紧固螺栓的拧紧力矩（电机控制器侧）是否符合标准 ③ 检查三相线检查紧固螺栓的拧紧力矩（电机侧）是否符合标准 ④ 如果拧紧力矩不符合标准，则使用扭力扳手按照标准力矩紧固电机三相线束

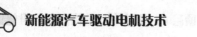

（续）

检查项目	检查步骤
检测驱动电机三相线束是否相互短路故障	① 进行高压下电操作 ② 断开驱动电机侧三相线束插接器。断开驱动电机控制器侧三相线束插接器 ③ 用万用表按下表测量三相线束两端相邻的两个端子电阻： | 测量位置A	测量位置B	标准值 | |---|---|---| | 端子1 | 端子2 | | | 端子1 | 端子3 | 20MΩ 或更高 | | 端子2 | 端子3 | | ④ 确认测量值是否符合标准，不符合标准则需要修理或更换线束
检测驱动电机三相线绝缘电阻	① 进行高压下电操作。断开驱动电机侧三相线束插接器 ② 用万用表按下表测量三相线束两端相邻的两个端子电阻： | 测量位置A	测量位置B	标准值 | |---|---|---| | 端子1 | | | | 端子2 | 车身接地 | 20MΩ 或更高 | | 端子3 | | | ③ 确认测量值是否符合标准，不符合标准则需要修理或更换线束
进行前后端盖清理检查	① 拆卸驱动电机 ② 用除锈清洗剂清洗端盖，确认端盖无灰尘、无杂物，无破损、无碰伤 ③ 用内径千分尺测量轴承室磨损、有无甩圈、轴承室尺寸是否合格
清理检查水套壳体	① 拆卸驱动电机 ② 用除锈清洗剂清洗，水套断面要求无灰尘、无杂物，无破损、无碰伤 ③ 用密封检测工装，检测壳体有无漏气现象 ④ 用水道检测工装检测水道是否堵塞、水道流量是否有堵塞、水道流量是否满足冷却要求 ⑤ 复测转子动平衡，超出规定数值后，需重新标定动平衡量 ⑥ 确认故障是否排除，故障未排除则进行下一步
转子清理检查	① 拆卸驱动电机 ② 用驱动电机专用拆装机拆出转子 ③ 用胶带清理转子灰尘、杂物，用除锈剂清除转子锈迹 ④ 检测转子，要求铁心外径无鼓起、无破损、无刮蹭 ⑤ 复测转子动平衡，超出规定数值后，需重新标定动平衡量 ⑥ 确认故障是否排除，故障未排除则进行下一步
定子检测清理检查	① 拆卸驱动电机 ② 用吸尘器清理定子灰尘，用除锈剂清除定子铁心的锈迹，要求定子表面无灰尘，定子内圆无刮蹭、无杂物，定子线包无损伤，定子绝缘漆无脆裂等 ③ 用耐压绝缘表测试耐压、绝缘 ④ 用定子综合测试仪测试电性能 ⑤ 更换出线端子 ⑥ 温度传感器绝缘检测 ⑦ 重新更换三相出线和温度传感器出线的绝缘管、热缩管 ⑧ 确认故障是否排除，故障未排除则进行下一步

（续）

检查项目	检查步骤
测量旋变定子	① 拆卸驱动电机 ② 用万用表检测旋变定子电阻值 ③ 用耐压绝缘表测试耐压、绝缘 ④ 重新更换旋变信号线出线绝缘管、端子 ⑤ 确认故障是否排除，故障未排除则进行下一步
前、后轴承更换	① 拆卸驱动电机 ② 用拉器拆除旧轴承，用专用压装工装，压出轴承内圈，更换新轴承，轴承须装到位 ③ 轴承挡圈应安装到位 ④ 确认故障是否排除，如果故障未排除，则进行下一步
更换驱动电机	① 进行高压下电操作 ② 更换驱动电机 ③ 连接高压母线 ④ 连接蓄电池负极 ⑤ 确认驱动电机工作正常

诊断结束

2.4　驱动电机系统故障诊断★★★

2.4.1　故障确认

1. 驱动电机故障码的读取与清除

① 先将故障诊断仪组装，如图 2-4-1 所示（故障诊断仪组装方法应参照相关使用说明）。车辆起动开关使电源模式至 OFF 状态。

② 在仪表台下方找到 OBD 诊断接口，连接故障诊断仪，如图 2-4-2 所示。

图 2-4-1　组装故障诊断仪

图 2-4-2　连接故障诊断仪到 OBD 接口上

③ 打开故障诊断仪电源开关，选择"诊断"进入车型选择界面，选择当前待检测品牌及型号，如图 2-4-3 所示。

④ 在图 2-4-4 所示功能选择界面中选择"诊断"，进入图 2-4-5 扫描方式选择界面，此界面中有"自动扫描"和"控制单元"两个选项，选择"自动扫描"功能，故障诊断仪进行全车电控单元逐一扫描；"控制单元"选项则允许手动选择需要扫描的控制单元。

图 2-4-3　选择"诊断"进入车型选择界面

图 2-4-4　功能选择界面

图 2-4-5　扫描方式选择按钮

⑤ 执行自动扫描程序，整车控制单元完成后，有故障的控制单元将以红色显示，如图 2-4-6 所示，为了防止电控单元记录偶发故障从而影响诊断的准确性，先清除故障码，如图 2-4-7 所示。故障码清除后，诊断仪会重新自动扫描，有故障的电控单元将被记录。

图 2-4-6　故障码扫描显示

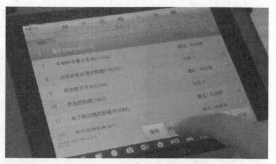

图 2-4-7　清除故障码选项

⑥ 单击有故障码标识的控制单元，进入图 2-4-8 所示界面，在此界面中选择"读故障码"，进入图 2-4-9 所示故障码详情界面。

⑦ 参考故障诊断表，根据故障码显示详情进行故障诊断排除。

2. 驱动电机数据流的读取与分析

故障诊断仪连接及操作请参照 2.2.2 小节"2. 驱动电机工作温度、工作电压及工作电流检查"。

① 操作起动开关使电源模式至 ON 状态。

② 连接故障诊断仪。

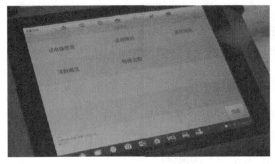

<table>
<tr><td>图 2-4-8　功能选择界面</td><td>图 2-4-9　故障码详情显示界面</td></tr>
</table>

③ 进入系统，选择相应车型。

④ 选择读取驱动电机数据流。

⑤ 将读取的数据与汽车厂商给的标准数据进行对比，判断是否符合标准。

2.4.2 驱动电机系统常见故障诊断策略

1. 驱动电机线束、插接器及端子引发故障诊断策略

线束、插接器及端子锈蚀、接触不良、线路短路等物理故障，会造成电机控制器无法获取驱动电机某一功能。例如驱动电机低压端子 1 锈蚀、接触不良，会造成电机控制器接收不到 1 号电机温度传感器信号，驱动电机会使用 2 号温度传感器信号作为替代信号。电机控制器会记录此故障码。诊断时需要断开驱动电机低压线束插接器 BV13 和电机控制器侧低压线束插接器，使用万用表测量线路的通断。

吉利帝豪 EV450 驱动电机低压线束插接器与电机控制器侧低压插接器通信连接见表 2-4-1。

表 2-4-1　吉利帝豪 EV450 驱动电机低压线束插接器与电机控制器侧低压插接器通信连接

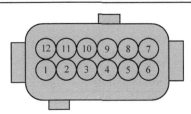

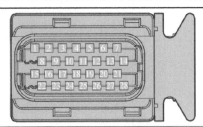

驱动电机低压插接器线束插接器 BV13		电机控制器侧低压线束插接器 BV11	
端子号	端子定义	端子号	端子定义
1	NTC 温度传感器 1+	7	NTC 温度传感器 1+
2	NTC 温度传感器 1-	6	NTC 温度传感器 1-
3	NTC 温度传感器 2+	5	NTC 温度传感器 2+
4	NTC 温度传感器 2-	13	NTC 温度传感器 2-
7	COS-（余弦-）	16	COS-（余弦-）
8	COS+（余弦+）	23	COS+（余弦+）
9	SIN-（正弦-）	24	SIN-（正弦-）
10	SIN+（正弦+）	17	SIN+（正弦+）
11	REF-（励磁-）	22	REF-（励磁-）
12	REF+（励磁+）	15	REF+（励磁+）

2.驱动电机漏电故障诊断策略

① 连接故障诊断仪，读取故障码，判断故障。

如比亚迪 e5，故障码"P1A0000"为严重漏电故障，故障码"P1A0100"为一般漏电故障。

② 进行高压下电操作，等待 5min。

③ 用万用表测量动力电池正负极母线对地电阻值。标准电阻值：大于 10MΩ。

④ 测量电机控制器对地电阻值。标准电阻值：大于或等于 20MΩ。

⑤ 测量驱动电机三相线束对地电阻值。标准电阻值：20MΩ。

3.驱动电机过热故障诊断策略

首先使用故障诊断仪读取故障码，确定故障，并准备电路图。

吉利帝豪 EV450 驱动电机温度传感器有关故障码及电路见表 2-4-2。

表 2-4-2　驱动电机温度传感器有关故障码及电路

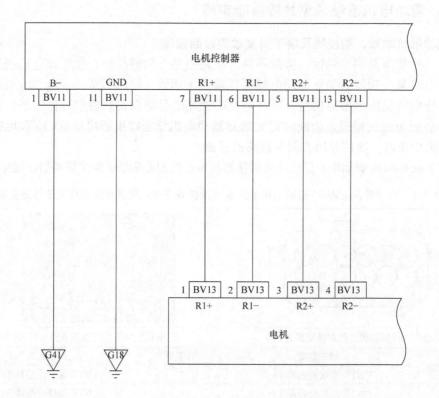

故障码	说明
P0A9300	冷却液过热故障
P0A2C00	定子温度最大值超过阈值
P0A2D00	定子温度最小值小于阈值

驱动电机过热故障诊断策略见表 2-4-3。

表 2-4-3　驱动电机过热故障诊断策略

诊断项目	诊断步骤
检查冷却液是否充足	① 打开前机舱盖 ② 检查冷却管路无弯曲、折叠、漏水现象 ③ 确认膨胀罐中的冷却液位是否正常 ④ 如有上述故障，先排除故障
检查冷却冷却液泵是否正常	① 操作起动开关使电源模式至 ON 状态 ② 确认冷却液泵是否正常工作 ③ 如有上述故障，先排除故障
检测驱动电机信号屏蔽线路	① 进行高压下电操作 ② 断开电机控制器线束插接器 BV11 ③ 用万用表分别测量电机控制器线束插接器 BV11（插接器图参见表 2-4-1）的端子 1、端子 11 与车身搭铁之间的电阻。标准电阻：小于 1Ω ④ 确认测量值是否符合标准，不符合则需要修理或更换线束
检查电机温度传感器 1、电机传感器 2 自身的电阻值	断开驱动电机侧线束插接器，使用万用表分别检测驱动电机侧插接器端子 1—端子 2、端子 3—端子 4 号阻值。标准值如下： −40℃时，正常电阻值约为（241 ± 20）Ω 20℃时，正常电阻值（13.6 ± 0.8）Ω 85℃。正常电阻值约为（1.6 ± 0.1）Ω 电阻值随温度升高而降低，电阻值随温度降低而升高

<table>
<tr><td rowspan="10">检查电机温度传感器 1 信号线路</td><td colspan="3">① 进行高压下电操作
② 断开驱动电机线束插接器 BV13
③ 断开电机控制器线束插接器 BV11
④ 用万用表按下表进行测量：
</td></tr>
<tr><td>测量位置 A</td><td>测量位置 B</td><td>测量标准值</td></tr>
<tr><td>BV13-1</td><td>BV11-7</td><td rowspan="2">标准电阻：＜ 1Ω</td></tr>
<tr><td>BV13-2</td><td>BV11-6</td></tr>
<tr><td>BV13-1</td><td>BV13-2</td><td rowspan="3">标准电阻：≥ 10kΩ</td></tr>
<tr><td>BV13-1</td><td>车身搭铁</td></tr>
<tr><td>BV13-2</td><td>车身搭铁</td></tr>
<tr><td>BV13-1</td><td>车身搭铁</td><td rowspan="2">标准电压：0V</td></tr>
<tr><td>BV13-2</td><td>车身搭铁</td></tr>
<tr><td colspan="3">⑤ 确定测量值是否符合标准，不符合标准需要更换驱动电机</td></tr>
</table>

（续）

诊断项目	诊断步骤
检查电机温度传感器2信号线路	① 进行高压下电操作 ② 断开驱动电机线束插接器 BV13 ③ 断开电机控制器线束插接器 BV11 ④ 用万用表按下表进行测量： 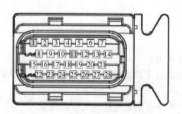 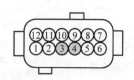

测量位置 A	测量位置 B	测量标准值
BV13-3	BV11-5	标准电阻：< 1Ω
BV13-4	BV11-13	
BV13-3	BV13-4	
BV13-3	车身搭铁	标准电阻：≥ 10kΩ
BV13-4	车身搭铁	
BV13-3	车身搭铁	标准电压：0V
BV13-4	车身搭铁	

⑤ 确定测量值是否符合标准，不符合标准需要更换驱动电机

更换电机控制器，详情参见本书 3.2.3 小节

诊断结束

4. 驱动电机冷却系统冷却液泵不工作故障诊断策略

吉利帝豪 EV450 驱动电机冷却系统冷却液泵电路简图如图 2-4-10 所示。

驱动电机冷却液泵不工作故障诊断策略见表 2-4-4。

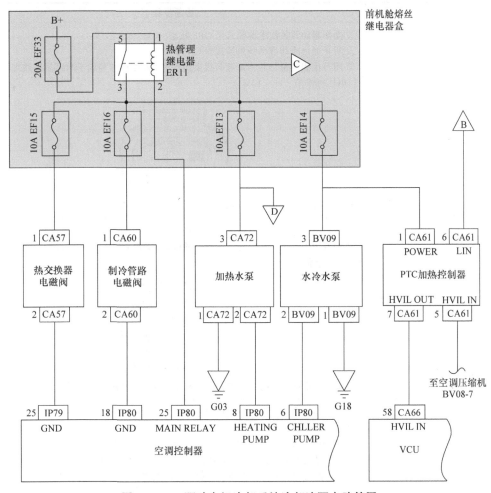

图 2-4-10 驱动电机冷却系统冷却液泵电路简图

表 2-4-4 驱动电机冷却液泵不工作故障诊断策略

诊断项目	诊断步骤
使用故障诊断仪读取故障码	① 操作起动开关使电源模式至 ON 状态 ② 连接故障诊断仪，读取系统故障码 ③ 确认系统是否存在故障码，优先排除故障码指示故障
检查整车控制器熔丝 EF13	① 操作起动开关使电源模式至 OFF 状态 ② 拔下熔丝 EF13，检查是否熔断。熔丝额定容量：10A 熔丝熔断则检修相关线路，并更换额定容量熔丝
检查整车控制器熔丝 EF09，SF08	① 操作起动开关使电源模式至 OFF 状态 ② 拔下熔丝 EF09，检查是否熔断。熔丝额定容量：10A ③ 拔下熔丝 SF08，检查是否熔断。熔丝额定容量：40A 熔丝熔断，检修熔丝线路，更换额定容量熔丝

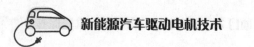

（续）

诊断项目	诊断步骤
检查加热冷却液泵电源	① 操作起动开关使电源模式至 OFF 状态 ② 断开加热冷却液泵线束插接器 CA72 ③ 用万用表测量加热冷却液泵线束插接器 CA72 的 3 号端子与可靠搭铁之间的电压。电压标准值：11～14V ④ 确认故障是否排除，故障未排除则需要更换线束
检查加热冷却液泵搭铁之间的电压	① 断开加热冷却液泵线束插接器 CA72 ② 用万用表测量加热冷却液泵线束插接器 CA72 的 1 号端子与可靠搭铁之间的电阻。电阻标准值：小于 1Ω ③ 确认测量值是否符合标准，不符合标准则需要修理或更换线束
检查电动冷却液泵控制线路	① 断开加热冷却液泵线束插接器 CA72 ② 断开空调控制器线束插接器 IP80 ③ 用引线将整车控制器线束插接器 CA72 的 2 号端子与空调控制器线束插接器 IP80 的 8 号端子引出，并测量电压。电压标准值：11～14V ④ 确认测量值是否符合标准，不符合标准则需要修理或更换线束
更换加热冷却液泵	① 操作起动开关使电源模式至 OFF 状态 ② 断开蓄电池负极电缆 ③ 更换电动冷却液泵 ④ 确认故障是否排除，故障未排除则更换空调控制器
诊断结束	

项目 **3**

驱动电机控制器结构原理
与维修保养

【知识目标】

1）能够叙述驱动电机控制器的作用。

2）能够理解驱动电机控制器的结构及原理。

3）能够掌握常见新能源汽车驱动电机控制器的位置、参数等信息。

【技能目标】

1）能够正确举升车辆和进行高压上、下电操作。

2）能够正确进行驱动电机控制器工作状态检查。

3）能够正确进行驱动电机控制器性能检查。

4）能够正确进行驱动电机控制器拆装更换操作。

5）能够正确查询驱动电机控制器系统电路图。

6）能够正确连接故障诊断仪进行故障码读取与清除。

7）能够正确对驱动电机控制器线束/插接器/端子引发故障进行诊断；能够正确对驱动电机控制器通信、低压供电回路等故障进行诊断。

8）作业结束后，能够正确收集、清洁和整理工具，对工位进行7S操作。

【素养目标】

1）遵守工作场所相关法律法规和政策要求，拥有高的安全意识。

2）在需要的时候，协助他人并提供帮助。

3）能够合理地分析和解决完成分配的任务时出现的问题。

4）理解和阅读工作文件，报告书写清晰、简洁。

3.1 驱动电机控制器结构与原理

3.1.1 驱动电机控制器概述

驱动电机控制器是控制电机驱动整车行驶的控制单元，属于电动汽车核心零部件。驱动电机控制器具有 CAN 通信功能、过电流保护、过载保护、欠电压保护、过电压保护、缺相保护、能量回馈、限功率、高压互锁、故障上报等功能。驱动电机控制器技术比较成熟，它具有集成度高、功率密度高、寿命长、输出稳定等特点。

驱动电机控制器是控制动力电池与驱动电机之间能量传输的装置，由控制信号接口电路、驱动电机控制电路和驱动电路组成。驱动电机控制器是通过集成电路的主动工作来控制驱动电机按照设定的方向、速度、角度、响应时间进行工作的模块。它使得电机应用范围更加广泛、输出效率更好以及噪声更小。

驱动电机控制器一般安装在前机舱内驱动电机的上部。采用 CAN 通信控制，控制着动力电池与驱动电机之间的能量传输，同时采集电机位置信号和三相电流检测信号，精确地控制驱动电机运行。

驱动电机控制系统主要功能包括车辆的怠速控制、车辆前进（控制电动机正转）、车辆倒退（控制电动机反转）、DC/AC 等。典型的电机控制系统框图如图 3-1-1 所示。

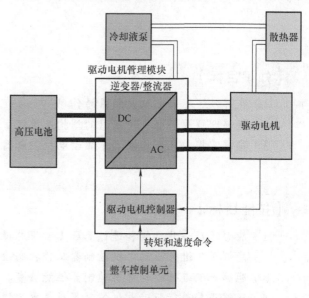

图 3-1-1　典型的电机控制系统框图

3.1.2 驱动电机控制器结构与原理

1. 驱动电机控制系统组成及功用

驱动电机控制系统由动力总成（驱动电机）、高压配电设备、电机控制器、高低压线束和相关传感器等组成，如图 3-1-2 所示。整车控制器根据驾驶人意图发出各种指令，驱动电机控制器响应并反馈，实时调整驱动电机输出，以实现整车的怠速、前进、倒车、停车、能量回收以及驻坡等功能。

驱动电机控制器主要功能如下：

① 怠速控制（爬行）。

② 控制电机正转（前进）。

③ 控制电机反转（倒车）。

④ 能量回收（交流转换直流）。

⑤ 驻坡（防溜车）。

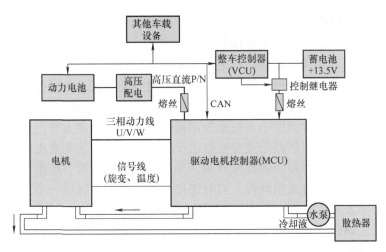

图 3-1-2 驱动电机控制系统组成

驱动电机控制器另一个重要功能是通信和保护，实时进行状态和故障检测，保护驱动电机系统，实现故障反馈。

2.驱动电机控制器结构组成

驱动电机控制器如图 3-1-3 所示，是驱动电机的控制中心又称智能功率模块，以 IGBT（绝缘栅双极型晶体管）模块为核心，辅以驱动集成电路、主控集成电路，对所有的输入信号进行处理，并将驱动电机控制器运行状态的信息通过网络发送给整车控制器。驱动电机控制器内含故障诊断电路。当诊断出异常时，它将会激活一个错误代码（故障码），发送给整车控制器，同时也会存储该故障码和数据。使用以下传感器来提供驱动电机的工作信息：电流传感器，用以检测电机工作的实际电流（包括母线电流、三相交流电流）；电压传感器，用以检测供给驱动电机控制器工作的实际电压（包括动力电池电压、12V 蓄电池电压）；温度传感器，用以检测驱动电机控制系统的工作温度（包括 IGBT 模块温度、驱动电机控制器板载温度）。

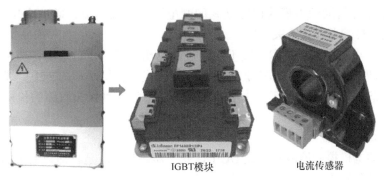

IGBT模块　　　　　电流传感器

图 3-1-3 驱动电机控制器

（1）控制主板

控制主板与整车控制器通信监测直流母线电流，控制 IGBT 模块工作状态，监控高压线束的绝缘和工作连接情况并反馈。IGBT 模块的温度信号、旋变传感器信号经过处理反馈给电机控制单元。

（2）超级电容和放电电路

超级电容是一种以电场形式储存能量的无源器件。需要电机起动时，电容能够把储存的能量释出至电路。接通高压电路时给电容充电，在电机起动时保持电压的稳定，断开高压电路时，通过电阻给电容放电，放电电阻通常和电容器并联，电源波动时，电容器会随之充放电。当控制器带动的电机或其他感性负载在停机时，可采用能耗制动的方式来实现，就是把停止后电机的动能和线圈里面的磁能都通过一个其他耗能元件消耗掉，从而实现快速停车。当供电停止后，控制器的逆变电路就反向导通，把这些剩余电能反馈到变频器的直流母线上来，母线上的电压会因此而升高，当升高到一定值时，电阻就投入运行，使这部分电能通过电阻发热的方式消耗掉，同时维持母线上的电压保持一个正常值。放电电路故障，有可能会导致高压断电。等效电路如图 3-1-4 所示。

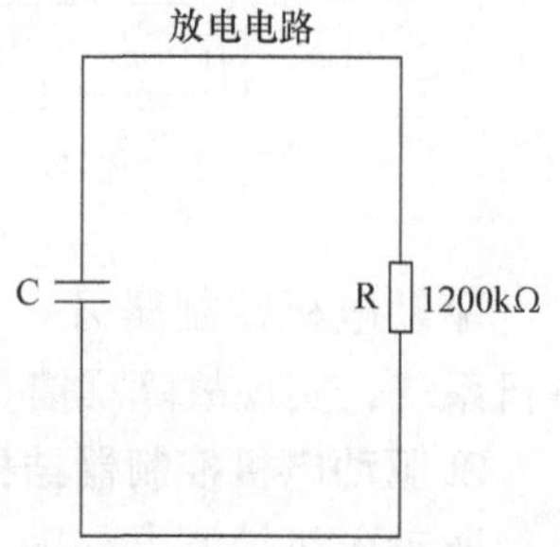

电枢铁心是主磁路的组成部分，又是电枢绕组支撑部分；电枢绕组嵌放在电枢铁心的槽内。为减少电枢铁心内的涡流耗损，铁心一般用厚 0.5mm 且冲有齿、槽的型号为 DRS30 或 DR510 的硅钢片叠压夹紧而成，大型直流电动机的电枢铁心冲片先压装在转子支架上，然后再将支架固定在轴上。为改善通风，冲片可沿轴向分成几段，以构成径向通风道。

图 3-1-4　放电电路的等效电路

（3）IGBT 模块

IGBT 模块简称绝缘栅双极型晶体管，是由双极型晶体管和绝缘栅型场效应管组成的复合全控型电压驱动式功率半导体器件，兼有 MOSFET 的高输入阻抗和 GTR 的低导通压降两方面的优点。GTR 饱和压降低，载流密度大，但驱动电流较大；MOSFET 驱动功率很小，开关速度快，但导通压降大，载流密度小。IGBT 综合了以上两种器件的优点，驱动功率小而饱和压降低，是电机控制器电压变换与传输的核心器件。

（4）冷却器

电机控制器主要发热部件是功率半导体元件 IGBT 和 FRD，需要对其进行高效率的冷却。冷却方式分为风冷和水冷两种方式。大功率逆变器一般采用的是水冷方式。功率半导体元器件的冷却是借助动力模块内部绝缘印制电路板和散热板，通过冷却器冷却。因此，降低热阻与提高冷却器能力至关重要。

为了提高散热能力，新技术一般不是通过散热润滑剂，而是采用将功率半导体元器件直接安装在冷却器上的直接冷却构造与双面冷却方式。直接冷却构造中，线性膨胀系数较高的冷却器的热应力直接作用于绝缘电路板，因此，如何确保热收缩的长期可靠性是一个重要的技术。

（5）DC/DC 变换器

一般的驱动电机控制器内部集成 DC/DC 变换器。其功能是将动力电池的高压电变换为低压电，提供整车低压系统供电。

3. 驱动电机控制器原理及工作模式

驱动电机控制器包括功率电路、驱动与保护、控制电路三大部分，其中功率电路用于进行能量的变换；驱动与保护电路用于实现对功率模块的驱动控制与故障保护；控制电路用于实现电机的转矩和转速控制与整车通信等功能。

驱动电机的输出动作主要是靠控制器给定命令执行，即控制器输出命令。控制器主要是将输入的直流电逆变成电压、频率可调的三相交流电（直流电机采用直流电），供给配套的驱动电机使用。驱动电机控制器其将动力电池提供的直流电转换为交流电，然后输出给电机；通过电机的正转来实现整车加速、减速；通过电机的反转来实现倒车。其通过有效的控制策略控制动力总成以最佳方式协调工作，如图 3-1-5 所示。

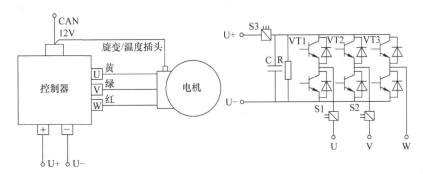

图 3-1-5　驱动电机控制器工作原理

驱动电机控制器具有以下工作模式：

① 转矩控制模式。驱动电机控制器控制电机轴向四象限的转矩。由于没有转矩传感器，转矩指令（由整车控制器发送）被转换成为电流指令，并进行闭环控制。转矩控制模式只有在获得正确的初始偏移角度时才能进行。

② 静态模式。在驱动电机控制器处于被动状态（待机状态）或故障状态时被激活。

③ 主动放电模式。主动放电用于高压直流端电容的快速放电。主动放电指令来自整车控制器的指令或由驱动电机控制器内部故障触发。

④ DC/DC 直流变换模式。驱动电机控制器中的 DC/DC 变换器将高压直流端的高压变换成指定的直流低压（12V 低压系统），低压设定值来自整车控制器指令。

⑤ 系统诊断功能。当故障发生时，软件根据故障级别使驱动电机控制器进入安全状态或限制状态。驱动电机控制器电气系统原理如图 3-1-6 所示。

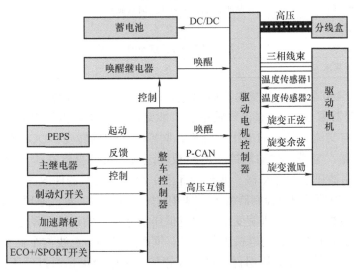

图 3-1-6　驱动电机控制器电气系统原理

3.1.3 驱动电机及控制器应用

1. 吉利帝豪 EV450

吉利新能源帝豪 EV300、EV350、EV450 以及帝豪 GSe 车型驱动电机控制器功能相同，都安装在前机舱驱动电机的上方。帝豪 EV450 驱动电机控制器安装位置和外观图分别如图 3-1-7 和图 3-1-8 所示。

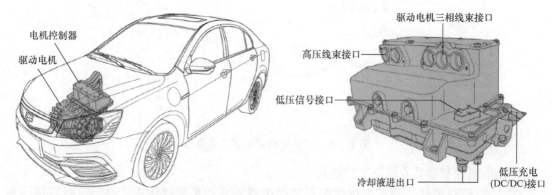

图 3-1-7　帝豪 EV450 驱动电机控制器安装位置　图 3-1-8　帝豪 EV450 驱动电机控制器外观图

吉利帝豪 EV450 驱动电机控制器参数见表 3-1-1。

表 3-1-1　吉利帝豪 EV450 驱动电机控制器参数

项目	参数	单位
额定功率	42	kW
峰值功率	120	kW
额定转矩	105	N·m
峰值转矩	250	N·m
最高转速	12000	r/min
电机旋转方向	（从轴伸端看）电机逆时针旋转	—
温度传感器类型	NTC	—
冷却液类型	乙二醇溶液（浓度 50%）	—
冷却液流速要求	2~6	L/min

吉利帝豪 EV450 驱动电机控制器内部包含 1 个 DC/AC 转换器（逆变器）和 1 个 DC/DC 变换器。逆变器由 IGBT、直流母线电容、驱动和控制电路板等组成，实现直流（可变的电压、电流）与交流（可变的电压、电流、频率）之间的转变。DC/DC 变换器由高低压功率器件、变压器、电感、驱动和控制电路板等组成，实现直流高压向直流低压的能量传递。驱动电机控制器还包含冷却器（通过冷却液）给电子功率器件散热。

吉利帝豪 EV450 驱动电机控制器结构原理图如图 3-1-9 所示，电气原理框图如图 3-1-6 所示。

电机温度传感器信号、电机旋变信号通过低压信号接口输送给驱动电机控制器，以便驱动电机控制器更加精确地对驱动电机进行控制。同时通过动力总线与车辆其他电控单元交换信息。驱动电机控制器作为高压组件，高压互锁输入和输出也是通过低压信号接口来完成。吉利帝豪 EV300、EV350、EV450 及帝豪 GSe 低压信号接口端子布置及说明见表 3-1-2。

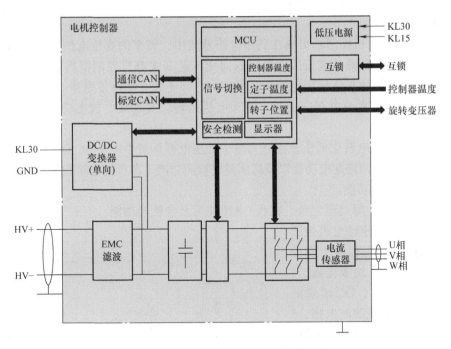

图 3-1-9 驱动电机控制器结构原理图

表 3-1-2 低压信号接口端子布置及说明

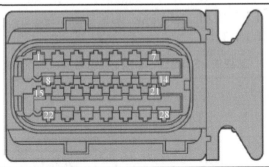

端子号	线色	端子说明	端子号	线色	端子说明
1	Br	整车高压互锁输入	17	w	接电机旋变 SINL
4	W/P	整车高压互锁输出	20	Y/V	整车动力 CANH
5	Br/W	接电机温度传感器 R2+	21	G/V	整车动力 CANL
6	R	接电机温度传感器 R2−	22	Y	接电机旋变励磁
7	L/R	接电机温度传感器 R1+	23	Gr/W	接电机旋变 COSH
10	B	屏蔽搭铁	24	R	接电机 E 变 SINH
11	B	搭铁	25	P/W	起动电源 K15
13	W/G	接电机温度传感器 R1−	26	Rr/W	蓄电池电源 KL30
15	G	接电机旋变励磁 +	27	w	标定 CANH
16	P	接电机旋变 COSL	28	Yv	标定 CANL

注：端子号 2、3、8、9、12、14、18、19 为空脚。

2. 比亚迪 e5

比亚迪 e5 驱动电机控制器集成在高压电控总成中，该车的高压电控总成又称为"四合一"。比亚迪 e5 高压电控总成集成两电平双向交流逆变式电机控制器模块、车载充电机模块、DC/DC 变换器模块和高压配电模块。另外，内部还装有漏电传感器。其功能主要如下：

① 控制高压交 / 直流电双向逆变，驱动电机运转，实现充、放电功能（VTOG、车载充电机）。

② 实现高压直流电转化低压直流电为整车低压电器系统供电（DC/DC）。

③ 实现整车高压回路配电功能以及高压漏电检测功能（高压配电箱和漏电传感器模块）。

④ 直流充电升压功能。

⑤ CAN 通信、故障处理记录、在线 CAN 烧写及自检等功能。

双向交流逆变式驱动电机控制器（VTOG）整体结构包含 1 块控制板、1 块驱动板、1 块采样板、1 个用于平波薄膜电容、DC 模块的电感和电容、3 个交流滤波电感、3 个交流滤波电容、泄放电阻、预充电阻、霍尔式电流传感器、接触器等元器件。

比亚迪 e5（四合一车型）高压电控总成安装位置如图 3-1-10 所示，其外部接口说明见表 3-1-3。

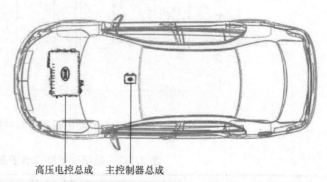

图 3-1-10　比亚迪 e5（四合一车型）高压电控总成安装位置

表 3-1-3　比亚迪 e5（四合一车型）高压电控总成外部接口说明

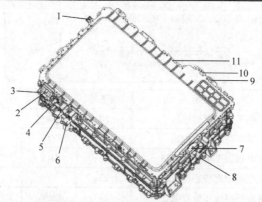

编号	部件	编号	部件
1	DC 直流输出插接器	7	64 针低压接信号插接器
2	33 针低压信号插接器	8	入水管
3	高压输出空调压缩机插接器	9	交流输入 L2，L3 相
4	高压输出 PTC 插接器	10	交流输入 L1，N 相
5	动力电池正极母线	11	驱动电机三相输出插接器
6	动力电池负极母线		

高压电控总成后部和右侧分别有一个 33 针端子低压插接器和 64 针端子低压插接器。33 针端子和 64 针端子低压插接器及端子定义分别见表 3-1-4 和表 3-1-5。

表 3-1-4　高压电控总成 33 针端子注解

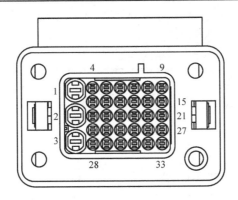

端子号	端口定义	端子号	端口定义
4	VCC 双路电电源	20	一般漏电信号
5	VCC 双路电电源	21	严重漏电信号
8	GND 双路电电源搭铁	22	高压互锁 +
9	GND 双路电电源搭铁	23	高压互锁 −
10	GND	24	主接触器 / 预充接触器电源
13	CAN 屏蔽搭铁	25	交直流充正负极接触器电源
14	CANH	29	主预充接触器控制信号
15	CANL	30	直流充电正极接触器控制信号
16	直流霍尔电源 +	31	直流充电负极接触器控制信号
17	直流霍尔电源 −	32	主接触器控制信号
18	直流霍尔信号	33	交流充电接触器控制信号

注：1、2、3、6、7、11、12、19、26、27、28 号端子为空脚。

3. 比亚迪 e2

比亚迪 e2 车型驱动电机控制器与驱动电机总成、减速器三者组成前驱电动总成。电机控制器直接安装在驱动电机和减速变速器上。电机控制器主要控制协调动力电池与驱动电机之间的能量传递。

电机控制器主要有以下功能：

① 采集转矩请求信号，旋变信号等控制驱动电机正向、反向驱动以及正反转发电功能。

② 高压输出电压和电流控制限制功能，以及定压跌落、过电流、过热、IPM 过热、IGBT 过热保护、功率显示、转矩控制限制灯功能。

③ 有能量回馈控制、主动泄放、被动泄放控制等功能。

电机控制器电气线路框图如图 3-1-11 所示。

电机控制器低压线束插接器及端子注解见表 3-1-6。

表 3-1-5　高压电控总成 64 针端子注解

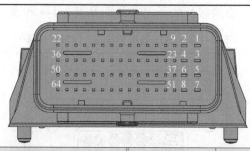

端子号	端口定义	端子号	端口定义
1	外部提供 ON 档电源	37	制动踏板深度屏蔽搭铁
2	外部提供常火电	38	制动踏板深度电源 1
4	外部提供 ON 档电源	39	加速踏板深度电源 2
6	加速踏板深度屏蔽搭铁	40	加速踏板深度电源 1
7	外部电源搭铁	41	制动踏板深度电源 2
8	外部电源搭铁	43	预留开关量输入 1
10	巡航搭铁	44	车内插座触发信号
11	充电枪温度 1 地	45	旋变屏蔽搭铁
12	BCM 充电连接信号	47	充电确认信号
13	充电控制信号	49	动力网 CANH
14	巡航信号	50	动力网 CANL
15	电机绕组温度	51	制动踏板深度电源搭铁 1
16	充电枪座温度信号 1	52	加速踏板深度电源搭铁 2
17	制动踏板深度 1	54	加速踏板深度电源搭铁 1
18	加速踏板深度 2	55	制动踏板深度电源搭铁 2
19	BMS 信号	56	预留开关量输入 2
26	动力网 CAN 信号屏蔽搭铁	57	制动信号
29	电机模拟温度搭铁	59	励磁 -
31	制动踏板深度 2	60	励磁 +
32	加速踏板深度 1	61	余弦 +
33	预留开关量输出 1	62	余弦 -
34	预留开关量输出 2	63	正弦 +
35	驻车制动信号	64	正弦 -

注：3、5、9、20、21、22、23、24、25、27、28、30、36、42、46、48、53、58 号端子为空脚。

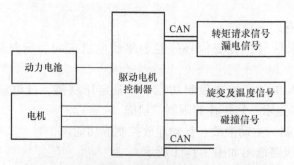

图 3-1-11　比亚迪 e2 电机控制器电气线路框图

表 3-1-6　电机控制器低压线束插接器及端子注解

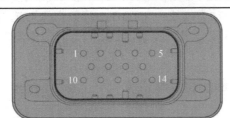

端子号	端口定义	端子号	端口定义
1	12V 电源搭铁	9	CANH
3	CANH 2	10	12V 电源正
4	CANL 2	11	12V 电源正
5	碰撞信号	13	CAN 屏蔽线
6	12V 电源搭铁	14	CANL
8	碰撞信号搭铁		

注：未标注的端口为空脚。

3.2　驱动电机控制器一般检查与保养★

3.2.1　驱动电机控制器工作状态检查

1. 驱动电机控制器工作情况（电源电压）检查

① 操作起动开关使电源模式至 OFF 状态。断开驱动电机控制器线束插接器 BV11。操作起动开关使电源模式至 ON 状态。

② 用万用表测量电机控制器线束插接器 BV11（表 3-1-2）的 25 号端子与车身搭铁之间的电压。

③ 用万用表测量驱动电机控制器线束插接器 BV11 的 26 号端子与车身搭铁之间的电压。标准电压：11 ~ 14V。确认测量值是否符合标准。

2. 驱动电机控制器工作温度检查

以下操作以比亚迪车型为例。

① 取出故障诊断仪，并按要求线连接故障诊断仪，如图 3-2-1 所示。

② 打开车门，在仪表台下方找到 OBD 诊断接口，并将故障诊断仪连接到 OBD 诊断接口上，如图 3-2-2 所示。

图 3-2-1　故障诊断仪连接

图 3-2-2　将故障诊断仪与 OBD 诊断接口连接

③ 打开点火开关，打开故障诊断仪电源，依次进入"诊断→选择品牌→选择车型诊断→选择品牌→控制单元诊断→动力模块→VTOG→读数据流"选项，待故障诊断仪与车辆通信完成后，在显示屏上查看驱动电机控制器 IGBT 当前工作温度、工作电压和工作电流数据，如图 3-2-3 所示。

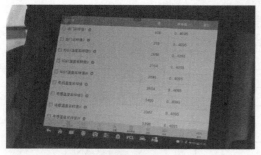
a) 驱动电机控制器IGBT温度、电压

b) 驱动电机控制器当前工作电压

图 3-2-3 故障诊断仪显示电机控制器 IGBT 工作温度、电压、电流数据

3.2.2 驱动电机控制器性能检查

1. 驱动电机控制器低压插接器的断开

操作前，先铺设翼子板垫和室内防护套装；准备绝缘工具、绝缘手套、与车辆对应的维修手册等，并检查绝缘测试仪。再参照 2.2.1 小节相关内容进行高压下电操作。

① 打开 DC/DC 变换器输出端子盖板，拆卸 DC/DC 变换器输出端子紧固螺母，从驱动电机控制器上拆下 DC/DC 变换器输出端子。如图 3-2-4 所示。

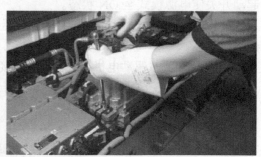

图 3-2-4 拆卸 DC/DC 变换器输出端子

② 向外拉动驱动电机控制器低压线束插接器锁止把手，驱动电机控制器低压线束插接器从插座上解除锁止，从驱动电机控制器上取下低压线束插接器，如图 3-2-5 所示。

2. 驱动电机控制器高压插接器的断开

（1）吉利帝豪 EV450 车型

① 操作前，先铺设翼子板垫和室内防护套装；准备绝缘工具、绝缘手套、与车辆对应的维修手册等，并检查绝缘测试仪。再参照 2.2.1 小节相关内容进行高压下电操作。

② 拆卸驱动电机控制器侧三相线束插接器 3 颗紧固螺栓，如图 3-2-6 所示。

③ 拆卸驱动电机控制器盖板的 8 颗紧固螺栓，如图 3-2-7 所示。

图 3-2-5　拆卸驱动电机控制器低压线束插接器

图 3-2-6　拆卸驱动电机控制器侧三相线束插接器螺栓　　图 3-2-7　拆卸驱动电机控制器盖板紧固螺栓

④ 取下如图 3-2-8 所示驱动电机控制器盖板。

⑤ 拆卸驱动电机控制器内部的 3 颗三相线束插接器端子紧固螺栓，如图 3-2-9 所示。

图 3-2-8　取下驱动电机控制器盖板　　图 3-2-9　拆卸驱动电机控制器内部三相线束端子螺栓

⑥ 如图 3-2-10 所示，从驱动电机控制器上取下三相线束插接器端子。

（2）比亚迪车型

① 操作前，先铺设翼子板垫，室内防护套装，准备绝缘工具、绝缘手套、与车辆对应的维修手册等，并检查绝缘测试仪。再参照 2.2.1 小节相关内容进行高压下电操作。

② 拆卸四合一电控箱前方的驱动电机三相线束端子插接器 4 颗紧固螺栓，如图 3-2-11 所示。

③ 从四合一电控箱上取下驱动电机三相

图 3-2-10　取下三相线束插接器端子

线束端子插接器，如图 3-2-12 所示。

图 3-2-11　拆卸驱动电机三相线束

端子插接器紧固螺栓

图 3-2-12　取下驱动电机三相线束端子插接器

3. 驱动电机控制器绝缘电阻检查

① 按照上一步骤所示的方法拆卸驱动电机控制器三相线束端子插接器。

② 将绝缘测试仪测试电压调整到 1kV 档位，将黑色表笔夹子夹在驱动电机控制器壳体上，红色表笔与驱动电机控制器三相线束端子连接片可靠接触。

③ 按下绝缘测试仪 TEST（测试）按钮，开始测量驱动电机控制器绝缘电阻，绝缘阻值应 ≥ 50MΩ。

注意：每次测量时间不超过 15s。

④ 再次按下绝缘测试仪 TEST（测试）按钮停止当前端子的测量；按照上述方法依次测量其余端子的绝缘电阻值。

4. 电机控制器高压导线电阻检查

参见本书 2.2.3 小节 "2. 驱动电机三相线束绝缘电阻的检查"。

3.2.3　驱动电机控制器更换

1. 吉利帝豪 EV450

（1）拆卸步骤

① 打开前机舱盖并铺设翼子板垫，断开蓄电池负极电缆并等待至少 5min。

② 向上推动图 3-2-13 所示箭头处直流母线插接器卡扣保险，并断开直流母线连接充电机端插接器。

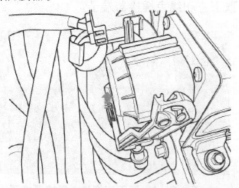

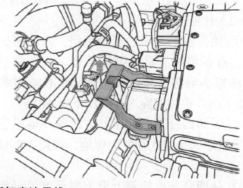

图 3-2-13　拆卸直流母线

注意：拆卸直流母线需佩戴绝缘手套，拆卸后使用万用表直流 1000V 档位测量直流母线端正负极电压低于 1V，才能进行下面的操作。

③ 在前机舱内拆卸图 3-2-14 所示的驱动电机控制器上盖的 8 颗紧固螺栓，并取下电机控制器上盖。

④ 如图 3-2-15 所示，首先，拆卸驱动电机三相线插接器（驱动电机控制器侧）3 颗紧固螺栓 1；然后，拆卸驱动电机三相线束端子（驱动电机控制器侧）3 颗紧固螺栓 2，脱开三相线束；其次，拆卸驱动电机控制器高压线束插接器（驱动电机控制器侧）2 颗紧固螺栓 3；最后，拆卸驱动电机控制器直流高压线束端子（驱动电机控制器侧）2 颗紧固螺栓 4，脱开线束。

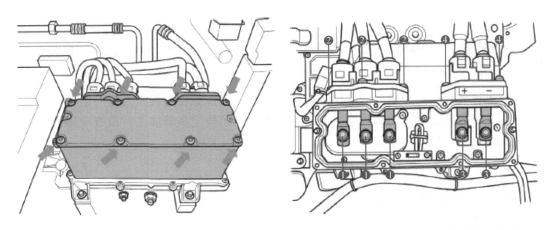

图 3-2-14　拆卸驱动电机控制器上盖　　　图 3-2-15　拆卸驱动电机控制器高压线

⑤ 取下图 3-2-16 所示的 DC/DC 变换器输出端防尘罩；拆卸如图 3-2-17 所示 DC/DC 变换器输出端线束紧固螺母，脱开 DC/DC 变换器输出端线束。

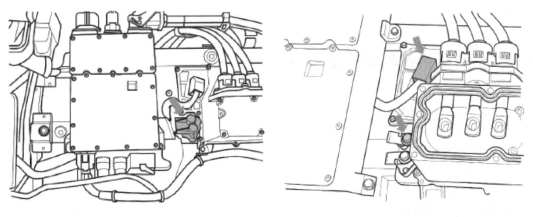

图 3-2-16　取下 DC/DC 变换器输出端防尘罩　　　图 3-2-17　DC/DC 变换器输出端线束紧固螺母

⑥ 脱开图 3-2-18 箭头所示的驱动电机控制器进、出水管环箍，断开进、出水管。

注意：水管脱开前，先在车底放置收集容器，接住防冻液。

⑦ 拆卸图 3-2-19 所示的驱动电机控制器 4 颗紧固螺栓，取下驱动电机控制器总成。

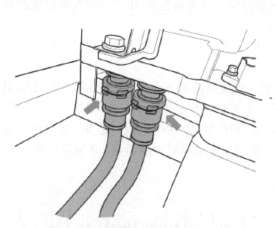

图 3-2-18　断开驱动电机控制器进、出水管

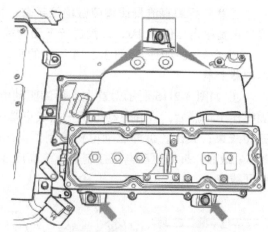

图 3-2-19　拆卸驱动电机控制器紧固螺栓

（2）安装

安装大体按照与拆卸相反的顺序进行，应注意各紧固螺栓的拧紧力矩。驱动电机控制器上盖安装时螺栓采用对角法拧紧。安装结束后，按照规定步骤加注并检查冷却液，详细步骤见 5.2.1 小节内容。

2. 比亚迪 e5

比亚迪 e5 车型四合一电控箱的拆卸步骤如下：

① 进行高压下电操作，等待 5min。

② 打开前舱盖。

③ 用工具拆除四合一控制器与前舱大支架之间的 6 颗紧固螺栓。

④ 一次拔除四合一控制器上的高低压插接器。

⑤ 拆除四合一控制器冷却进、出口以及排气管管路，并拆除左右两根搭铁线。

⑥ 用抱装夹具将四合一控制器从前舱中抬出。

四合一控制器按照与拆卸相反的顺序进行安装。

3.3　驱动电机控制器检测 ★★

3.3.1　驱动电机控制器数据读取

（1）驱动电机控制器故障码读取与清除

参照 2.4.1 小节内容。

（2）驱动电机控制器数据流读取

参照 2.4.1 小节内容。

3.3.2　驱动电机控制器低压端子数据测量

使用探针从低压电控插接器后端引线，检查车辆正常工作时低压电控各端子工作电压，查阅对比维修手册判断是否正常。

3.4 驱动电机控制器故障诊断 ★ ★ ★

3.4.1 驱动电机控制器故障确认

（1）吉利帝豪 EV450

① 操作起动开关使电源模式至 ON 状态。

② 连接故障诊断仪，读取系统故障码。

③ 确认系统是否存在其他故障码，优先排除其他故障码。

④ 清除故障码，重新读取故障码。

⑤ 对照附录 A 吉利帝豪 EV450 故障码表，确认故障码相应的故障。

（2）比亚迪 e5

① 把车辆开进维修间。

② 检查蓄电池电压。

标准电压：12.8 ~ 13.8V。

如果电压低于 12.8V，在进行下一步之前应充电或更换蓄电池。

③ 查询附录 B 故障码表，确认故障码，便按照表 3-4-1 提示进行下一步操作。

表 3-4-1   诊断结果提示

结果	进行
现象不在故障诊断表中	步骤④
现象在故障诊断表中	步骤⑤

④ 全面诊断。

⑤ 调整、维修或更换。

⑥ 确认测试。

⑦ 结束。

3.4.2 驱动电机控制器故障诊断

（1）驱动电机控制器线束、插接器、端子损坏或断开引发的故障诊断策略参见 2.4.2 小节内容。

（2）驱动电机控制器通信故障

驱动电机控制器通信故障会导致故障诊断仪无法读取驱动电机控制器数据，故障诊断仪会发出类似无法与驱动电机控制器通信的提示。驱动电机控制器通信电路简图如图 3-4-1 所示。

驱动电机控制器通信故障诊断策略见表 3-4-2。

（3）驱动电机控制器低压供电回路故障

驱动电机控制器低压供电回路故障会引起驱动电机控制器无低压供电，导致驱动电机控制器不工作。驱动电机控制器低压供电电路简图如图 3-4-2 所示。

驱动电机控制器低压供电回路故障诊断策略见表 3-4-3。

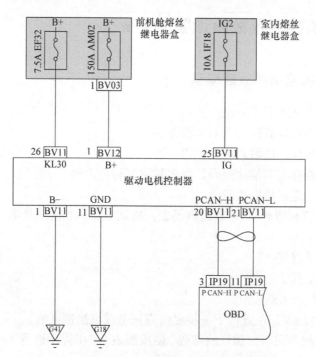

图 3-4-1 驱动电机控制器通信电路简图

表 3-4-2 驱动电机控制器通信故障诊断策略

诊断项目	诊断步骤
使用故障诊断仪读取故障码	① 操作起动开关使电源模式至 ON 状态 ② 连接故障诊断仪，读取系统故障码 ③ 确认系统是否存在其他故障码，优先排除其他故障码指示的故障
检查驱动电机控制器电源电压	① 操作起动开关使电源模式至 OFF 状态 ② 断开驱动电机控制器线束插接器 BV11 ③ 操作启动开关使电源模式至 ON 状态 ④ 用万用表测量驱动电机控制器线束插接器 BV11 的 25 号端子与车身搭铁之间的电压值。标准电压：11 ~ 14V ⑤ 用万用表测量驱动电机控制器线束插接器 BV11 的 26 号端子与车身搭铁之间的电压值。标准电压：11 ~ 14V ⑥ 确认测量值是否符合标准
检查电机控制器搭铁线束	① 操作起动开关使电源模式至 OFF 状态 ② 断开电机控制器线束插接器 BV11 ③ 用万用表测量电机控制器线束插接器 BV11 的 11 号端子与车身搭铁之间的电阻。标准电阻：小于 1Ω ④ 确认测量值是否符合标准

（续）

诊断项目	诊 断 步 骤
检查电机控制器 通信线路	① 操作起动开关使电源模式至 OFF 状态 ② 断开电机控制器线束插接器 BV11 ③ 用万用表测量电机控制器线束插接器 BV11 的 21 号端子与诊断接口 IP19 的 11 号端子之间的电阻。标准电阻：小于 1Ω 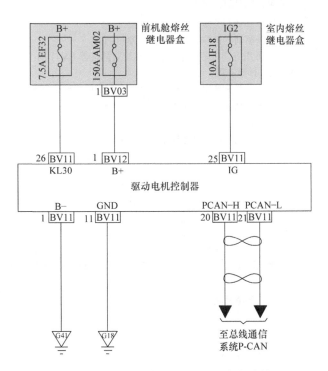 ④ 用万用表测量电机控制器线束插接器 BV11 的 20 号端子与诊断接口 IP19 的 3 号端子之间的电阻。标准电阻：小于 1Ω ⑤ 确认测量值是否符合标准
进行 P-CAN 网 络完整性检查	① 操作起动开关使电源模式至 OFF 状态 ② 用万用表测量终端接口 IP19 的 3 端子和 11 号端子之间的电阻值。标准电阻：55～67.5Ω ③ 确认测量值是否符合标准，不符合标准则优先排除 P-CAN 网络不完整故障
更换电机控制器	① 操作起动开关使电源模式至 OFF 状态 ② 断开蓄电池负极电缆 ③ 更换电机控制器 ④ 确认故障排除
诊断结束	

图 3-4-2 驱动电机控制器低压供电电路简图

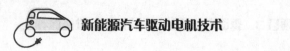

表 3-4-3　驱动电机控制器低压供电回路故障诊断策略

诊断项目	诊断步骤
检查蓄电池电压	① 操作起动开关使电源模式至 OFF 状态 ② 用万用表测量蓄电池电压。标准电压：11 ~ 14V ③ 确认测量值是否符合标准，不符合标准则需要对蓄电池充电或更换新蓄电池
检查驱动电机控制器熔丝 IF18、EF32 和蓄电池正极柱头熔丝是否熔断	① 操作起动开关使电源模式至 OFF 状态 ② 拔下熔丝 EF32，检查是否熔断。熔丝额定容量：7.5A ③ 拔下熔丝 IF18，检查是否熔断。熔丝额定容量：10A ④ 拔下蓄电池正极柱头熔丝，检查是否熔断。熔丝额定容量：150A ⑤ 检修熔丝线路，更换额定容量熔丝
检查驱动电机控制器电源电压	① 操作起动开关使电源模式至 OFF 状态 ② 断开驱动电机控制器线束插接器 BV11，操作起动开关使电源模式至 ON 状态 ③ 用万用表测量驱动电机控制器线束插接器 BV11 的 25 号端子与车身搭铁之间的电压值。标准电压：11 ~ 14V ④ 用万用表测量驱动电机控制器线束插接器 BV11 的 26 号端子与车身搭铁之间的电压值。标准电压：11 ~ 14V ⑤ 确认测量值是否符合标准
检查驱动电机控制器接地电阻	① 操作起动开关使电源模式至 OFF 状态 ② 断开驱动电机控制器线束插接器 BV11 ③ 用万用表测量驱动电机控制器线束插接器 BV11 的 1、11 号端子与车身搭铁之间的电阻。标准电阻：小于 1Ω ④ 确认测量值是否符合标准，不符合标准则修理或更换线束
检查检测 DC/DC 变换器与蓄电池之间的线路	① 操作起动开关使电源模式至 OFF 状态 ② 断开蓄电池负极电缆 ③ 断开驱动电机控制器线束插接器 BV12 ④ 断开蓄电池正极电缆 ⑤ 用万用表测量驱动电机控制器线束插接器 BV12 端子与蓄电池正极电缆之间的电阻。标准电阻：小于 1Ω ⑥ 确认测量值是否符合标准，不符合标准则修理或更新线束
更换驱动电机控制器	① 参照 3.3.2 小节更换驱动电机控制器 ② 确认故障排除
诊断结束	

项目 4

驱动电机减速机构结构原理与维修保养

【知识目标】

1）能够叙述新能源汽车减速机构的要求。

2）能够整理新能源汽车减速机构主要性能参数。

【技能目标】

1）能够正确举升车辆和进行高压上、下电操作。

2）能够正确进行驱动电机减速机构工作状态检查。

3）能够正确进行驱动电机减速机构零部件更换、分解与维修操作。

4）能够正确查询驱动电机减速机构系统电路图。

5）能够正确连接故障诊断仪进行故障码读取/清除与数据流读取操作。

6）能够正确对驱动电机减速机构半轴万向节异响、半轴振动、万向节松旷、半轴不平衡、驱动桥异响及驻车电机不正常工作等故障进行诊断。

7）作业结束后，能够正确收集、清洁和整理工具，对工位进行7S操作。

【素养目标】

1）遵守工作场所相关法律法规和政策要求，拥有高的安全意识。

2）在需要的时候，协助他人并提供帮助。

3）能够合理地分析和解决完成分配的任务时出现的问题。

4）理解和阅读工作文件，报告书写清晰、简洁。

4.1 驱动电机减速机构结构与原理

4.1.1 驱动电机减速器概述

与混合动力汽车和传统燃油汽车相比，纯电动汽车驱动单元结构更简单，没有混合动力汽车驱动单元内部需要兼顾内燃机与电力驱动两个动力的复杂连接结构。

纯电动汽车驱动单元通常主要包括一个大功率的驱动电机和用于将电机进行减速的齿轮减速机构，或者其他形式的减速齿轮机构。同时根据驱动单元的设计不同，有的车辆驱动单元还得有差速机构。

1. 纯电动汽车驱动电机减速器

电机的转速—转矩特性非常适合汽车驱动的需求，纯电动模式下，汽车的驱动系统不再需要多档位的变速器，驱动系统结构得以大幅简化。因为汽车需要增大电动机转矩，所以需要设置一个固定转速比的减速装置，将电动机降速并增大转矩，以适应汽车多种工况。电动汽车减速器（单速变速器）是采用固定传动比将电动机转速降低并增大转矩装置，不同车型传动比不同。

减速器介于驱动电机和驱动半轴之间，驱动电机的动力输出轴通过花键直接与减速器输入轴齿轮连接。一方面减速器将驱动电机的动力传给驱动半轴，起到降低转速增大转矩作用，另一方面满足汽车转弯及在不平路面上行驶时，左右驱动轮以不同的转速旋转，保证车辆的平稳运行，动力传递路线如图 4-1-1 所示。

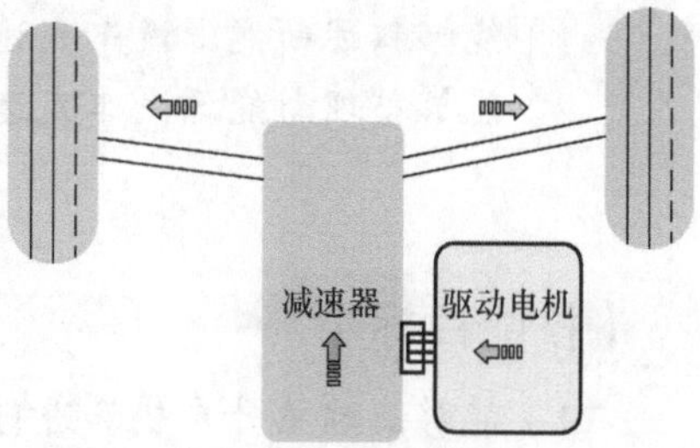

图 4-1-1 纯电动汽车驱动电机
减速机构动力传递路线

2. 吉利帝豪 EV450 减速器

吉利帝豪 EV450 减速器安装于汽车前舱，安装位置如图 4-1-2 所示，结构如图 4-1-3 所示，电气原理如图 4-1-4 所示。

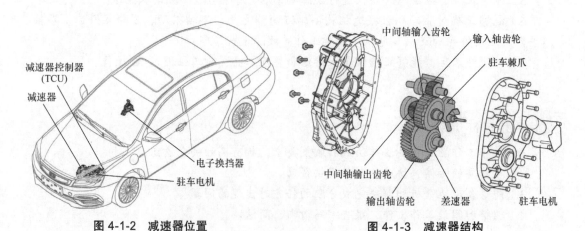

图 4-1-2 减速器位置

图 4-1-3 减速器结构

吉利帝豪 EV450 减速器参数如表 4-1-1 所示。

吉利帝豪 EV450 减速器有两个插接器，分别是 IP53 电子换档器线束插接器和 BV15 TCU 控制模块线束插接器，插接器外观与针脚详情分别见表 4-1-2、表 4-1-3。

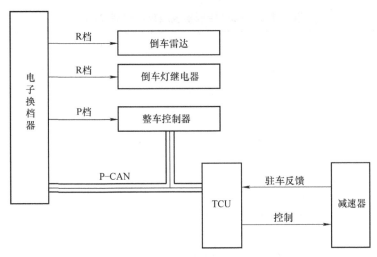

图 4-1-4 电气原理

表 4-1-1 吉利帝豪 EV450 减速器参数

项目	参数	单位
转矩	300	N·m
转速	≤14000	r/min
减速器速比	8.28:1	—
减速器油量	1.7±0.1	L
润滑方式	飞溅润滑	
减速器最高输出转矩	2500	N·m
效率	>95%	—

表 4-1-2 IP53 电子换档器线束插接器

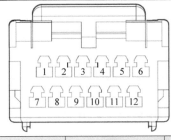

端子号	端子定义	颜色	端子状态	规定条件
1	KL30	R/Y	电源	12V
2	KL15	W/G	电源	12V
3	P POSITION INDICATION OUTPUT	G/B	—	—
4	CANH	GR/O	总线高	—
5	CANL	BL/B	总线低	—
6	LIN	V/Y	数据线	—
10	GND	B	搭铁	负极

表 4-1-3 TCU 控制模块线束插接器 BV15

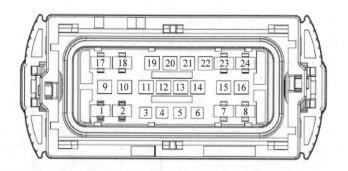

端子号	端子定义	颜色	端子状态	规定条件
1	MOTOR CNTRL PARK-UNPARK	O	电机控制驻车换到解除驻车	—
2	MOTOR CNTRL PARK-UNPARK	O	电机控制驻车换到解除驻车	—
7	GND	B	搭铁	负极
8	GND	B	搭铁	负极
11	MOTOR POSITION COMMON	Y/W	驻车电机公共端	—
12	MOTOR POSITION 1	O/W	电机位置 1	—
13	MOTOR POSITION 3	W	电机位置 3	—
14	P CAN-H	Gr/O	总线高	—
15	P CAN-L	L/B	总线低	—
17	MOTOR CNTRL UNPARK-PARK	Y	电机控制解除驻车换到驻车	—
18	MOTOR CNTRL UNPARK-PARK	Y	电机控制解除驻车换到驻车	—
19	MOTOR POSITION 3	W	电机位置 3	—
21	MOTOR POSITION 2	Br	电机位置 2	—
22	MOTOR POSITION 4	V	电机位置 4	—
23	B+	R	电源	12V
24	B+	R	电源	12V

3. 比亚迪 e5 变速器

比亚迪 e5 变速器与驱动电机相连接，安装于汽车的前机舱内。比亚迪 e5 变速器参数见表 4-1-4。

表 4-1-4 比亚迪 e5 变速器参数

项 目	参数	单位
传动比	9.342∶1	—
输入最大功率	160	kW
输入转速	0 ~ 12000	r/min
最大输入转矩	310	N·m
输入输出轴连线与水平面夹角	8.073	°

4.1.2 混合动力汽车系统

1. 比亚迪 DM 系统

DM 是"双模"（Dual Mode）缩写。如果将纯电动简称为 EV，混合动力简称为 HEV，则比亚迪 DM 电动汽车是 EV+HEV，简言之就是可充电的混合动力电动汽车。

DM 二代技术是比亚迪在 DM 一代技术（搭载于 F3DM）基础上，整合目前比亚迪最先进技术——涡轮增压缸内直喷发动机（比亚迪称之为 Ti 发动机）、双离合变速器、高转速电机、集成电机控制器、分布式电源管理系统、高性能动力电池等，在发动机、电机、电控、电池等方面集中优化的成果。

（1）DM 二代技术特点

① 整车性能对动力电池依赖小，增加 6 速双离合变速器，对发动机工作区域调节能力更强。

② 高转速电机、高电压方案，效率更优。

③ 有超强的动力性。

④ 高压系统损坏，车辆仍能正常行驶。

动力系统搭载涡轮增压缸内直喷发动机、6 速双离合变速器以及 26A·h 容量的电池组合，高压系统电压提升至 500V，比亚迪秦 DM 双模混动系统组成如图 4-1-5 所示。

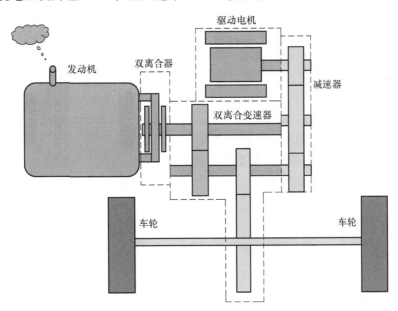

图 4-1-5 比亚迪秦 DM 双模混动系统组成

（2）DM 系统工作模式

① EV 纯电动模式。在此模式下，动力电池提供电能，供电机驱动车辆，可以满足各种工况行驶，如起步、倒车、怠速、急加速、匀速行驶等。EV 纯电动模式如图 4-1-6 所示。

② HEV 稳定发电模式。当电量不足时，系统从 EV 纯电动模式自动切换到 HEV 稳定发电模式，使用发动机驱动，在车辆以较稳定的速度行驶时，发动机输出的一部分转矩驱动电机进行发电，对动力电池进行充电。HEV 稳定发电模式如图 4-1-7 所示。

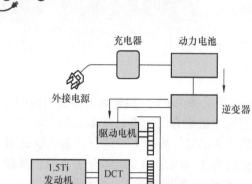

图 4-1-6　EV 纯电动模式

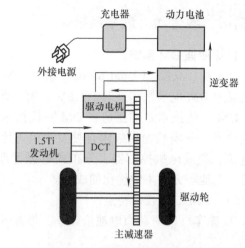

图 4-1-7　HEV 稳定发电模式

③ HEV 混动模式。用户从 EV 纯电动模式切换到 HEV 混动模式后，车辆由发动机和电机共同驱动，实现了最佳的动力性，但仍能保证混合动力系统具有良好的经济性。HEV 混动模式如图 4-1-8 所示。

④ 发动机驱动模式。当电量不足或高压系统故障时，可单独使用发动机驱动，实现了高压系统的独立性。发动机驱动模式如图 4-1-9 所示。

⑤ 能量回馈工作模式。车辆减速时，电机将车辆需要的动能转化为电能储存在动力电池内，DM 二代的反馈效率比一代更高。能量回馈工作模式如图 4-1-10 所示。

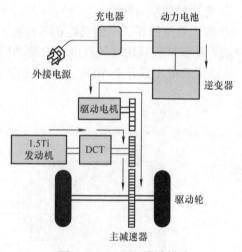

图 4-1-8　HEV 混动模式

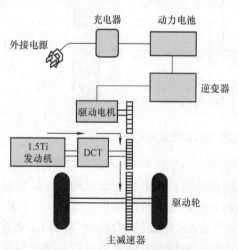

图 4-1-9　发动机驱动模式

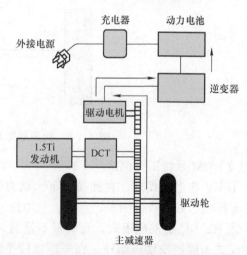

图 4-1-10　能量回馈工作模式

2. 大众插电式混合动力车型

大众途观 L PHEV、帕萨特 PHEV 车型动力系统采用 EA211 1.4T 涡轮增压发动机、6 速湿式双离合变速器、最大功率 85kW 的永磁同步电机的组合形式。驱动电机安装在发动机与双离合变速器之间。使用分离离合器 K0 连接和断开驱动电机与内燃机。大众途观 L PHEV、帕萨特 PHEV 车型驱动系统组成如图 4-1-11 所示。

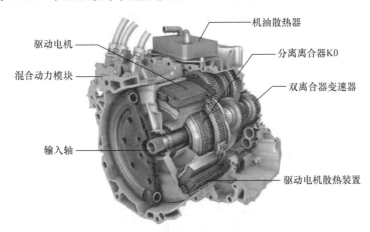

图 4-1-11　大众途观 L PHEV、帕萨特 PHEV 车型驱动系统组成

大众途观 L PHEV、帕萨特 PHEV 车型驱动系统结构如图 4-1-12 所示，驱动系统包括三组湿式膜片式离合器（两组行驶离合器和一组分离离合器）。两组行驶离合器 K1 和 K2 将驱动电机与两个分变速器连接到一起。

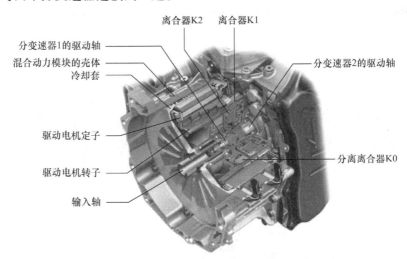

图 4-1-12　大众途观 L PHEV、帕萨特 PHEV 车型驱动系统结构

分离离合器 K0 连接或断开驱动电机与发动机。

分离离合器 K0 闭合时，可以通过发动机或结合驱动电动驱动车辆，也可以通过驱动电动机起动发动机。

3. 丰田 THS-Ⅱ 系统

丰田混合动力系统 -Ⅱ（THS-Ⅱ）采用行星齿轮式复合齿轮机构加双电机的驱动模式。

具有以下典型特征：

采用了带有转换器的逆变器总成为 MG1（电动机 / 发电机）和 MG2（电动机）提供系统电压。带有转换器的逆变器总成由可将系统工作电压升至最高电压（直流 650V）的增压转换器和可将直流电转换为交流电的逆变器组成。

电机减速行星齿轮机构的目的是降低电机转速，用来使高转速、大功率的 MG2 适合混合动力传动桥内的动力分配行星齿轮机构进行动力分配。丰田 THS-Ⅱ 零部件组成如图 4-1-13 所示。

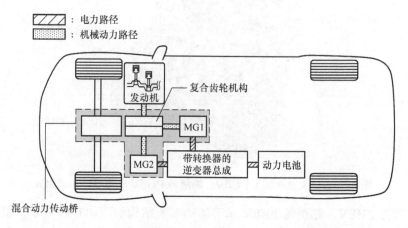

图 4-1-13　丰田混合动力系统 -Ⅱ（THS-Ⅱ）零部件组成

丰田 THS-Ⅱ 传动桥结构如图 4-1-14 所示。该混合动力传动桥主要由 MG1 和 MG2、复

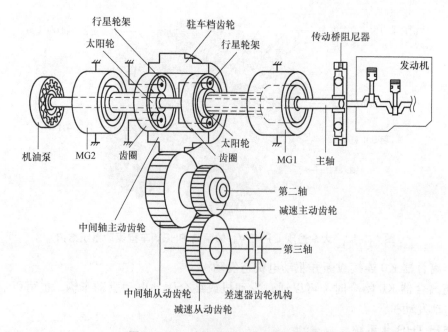

图 4-1-14　丰田 THS-Ⅱ 传动桥结构

合齿轮机构（含有电机减速行星齿轮机构和动力分配行星齿轮机构）、中间轴齿轮机构以及差速器齿轮机构组成。该传动桥具有三轴结构：复合齿轮机构、MG1 和 MG2 位于主轴上，中间轴从动齿轮和减速主动齿轮位于第二轴上，差速器齿圈和差速器齿轮机构位于第三轴上。

　　复合齿轮机构中每个行星齿轮机构的齿圈与复合齿轮整合在一起，复合齿轮与中心轴主动齿轮和驻车档齿轮整合在一起，如图 4-1-15 所示，复合齿轮机构零件连接见表 4-1-5。

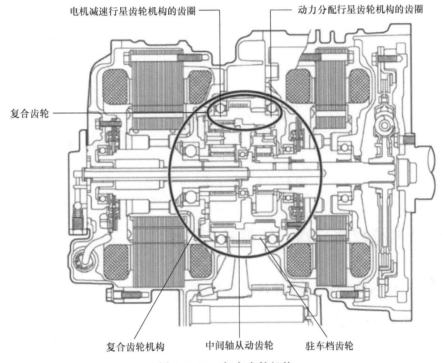

图 4-1-15　复合齿轮机构

表 4-1-5　复合齿轮机构零件连接

行星齿轮		连接
动力分配行星齿轮机构	太阳轮	MG1
	齿圈	输出（车轮）
	行星轮架	发动机输出轴
电机减速行星齿轮机构	太阳轮	MG2
	齿圈	输出（车轮）
	行星轮架	固定

　　该传动桥发动机和 MG2 产生的原动力经过减速齿轮传到复合齿轮机构的中心轴主动齿轮、中间轴从动齿轮、减速主动齿轮，然后传输到差速器齿轮机构，以驱动前轮，如图 4-1-16 所示。

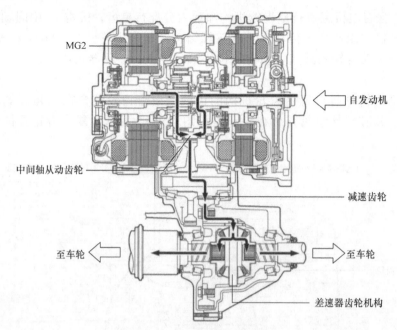

图 4-1-16　MG2 动力传递路径

MG2

自发动机

中间轴从动齿轮

减速齿轮

至车轮

至车轮

差速器齿轮机构

4.2　驱动电机减速机构一般保养与维修

4.2.1　驱动电机减速机构一般保养与检查★

1. 减速机构油液泄漏检查

漏液检查主要是检查减速器与驱动电机接缝处、放油口、加油口和油封处。

将车辆停稳，将驱动电机与减速器接缝、放油口、加油口和油封几个位置清理干净，在车辆底下放置一块纸板，1～2min 后，观察纸板上变速器位置有无油渍，如果有油渍，可以根据油渍位置判断漏油的大致位置。

漏油相对渗油速度较快，渗油需要比较长的时间才能发现。

如果安装了车底护板，以上方法不宜检查，则需要举升车辆，拆卸护板，目视检查驱动电机与减速器安装配合处有无油渍，如图 4-2-1 所示。

2. 减速机构油液液位检查

注意：减速器油的温度对油位影响较大，因此只有变速器油温处于 35～50℃ 之间时检查的油位才最准确。检查油位时，车辆一定要处于水平位置。

图 4-2-1　减速机构油液泄漏检查

① 操纵举升机将车辆举升到适当高度，并可靠锁止举升机。

② 拧松图 4-2-2 所示的减速器注油螺栓。

注意：禁止使用已严重磨损的工具、拆卸注油螺栓，否则容易造成滑方，给拆卸带来更大的困难。

③ 旋下注油螺栓并放好。

④ 查看减速器内油面位置，减速器油液面应与加注孔下缘平齐，如果油位低，检测变速器油是否存在泄漏现象，并及时加注。

注意：为了看清油面位置，可以配合灯光照明。减速器油面应位于加注孔下缘 0 ~ 5mm 范围内，如果减速器油面正常，则将注油螺栓按照规定力矩拧紧。

3. 减速机构油液更换

① 举升车辆，并在减速器放油螺栓下安放容器，松开放油螺栓，待油完全排出后紧固，如图 4-2-3 所示。

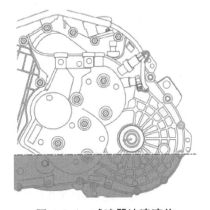

图 4-2-2　减速器注油螺栓

② 打开图 4-2-2 所示的减速器注油螺栓，在此处加入规定容量的变速器油。

③ 油面高度以加注孔下沿为准，如图 4-2-4 所示。

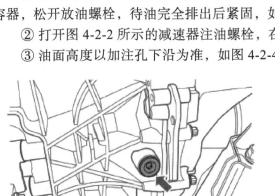

图 4-2-3　减速器放油螺栓　　　　图 4-2-4　减速器油液液位

④ 重复减速器油液检查程序，检查油液是否符合规定。

4.2.2　驱动电机减速机构维修★★

1. 减速机构壳体的分解及清洁

（1）吉利帝豪 EV450 车型

分解步骤：

① 将减速器与驱动电机分离，详情参见 2.3.1 小节内容。

② 分解减速器总成。

a. 拆卸图 4-2-5 所示 TCU 控制模块的 2 颗紧固螺栓 1，取下 TCU 控制模块。

b. 拆卸图 4-2-5 所示电机的 3 颗紧固螺栓 2 与 1 颗支架紧固螺栓 3，取下驻车电机。

c. 使用合适的工具拆卸图 4-2-6 所示半轴油封 1。

注意：半轴油封为一次性零部件，每次拆卸后需更换新的半轴油封。

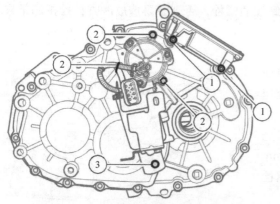

图 4-2-5　拆卸 TCU 模块及固定支架

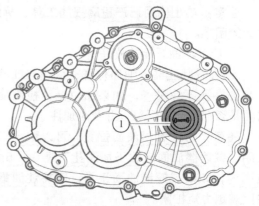

图 4-2-6　拆卸半轴油封

d. 拆卸图 4-2-7 中箭头指示的减速器前箱体紧固螺栓。

e. 使用合适的工具撬下减速器前箱体，如图 4-2-8 所示。

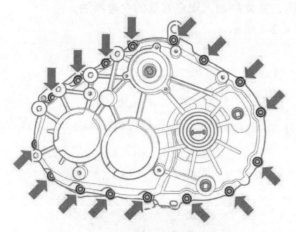

图 4-2-7　拆卸减速器前箱体紧固螺栓

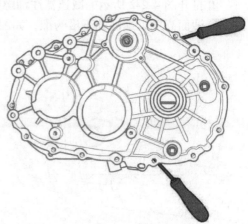

图 4-2-8　撬开减速器前箱体

注意：勿撬减速器壳体密封面。

f. 拆卸图 4-2-9 所示减速器后箱体内的换档轴 1。

g. 拆卸图 4-2-10 所示减速器后箱体内的 P 档锁止轴 1。

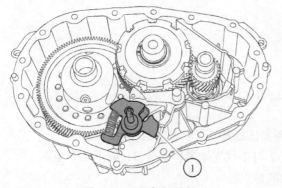

图 4-2-9　拆卸换档轴

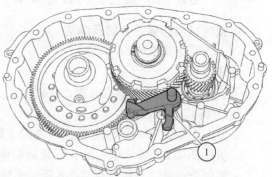

图 4-2-10　拆卸 P 档锁止轴

h. 向上取出图4-2-11所示的输入轴1。

i. 向上取出图4-2-12所示的差减总成中间轴1。

j. 最后向上取出图4-2-12所示的差速器2。

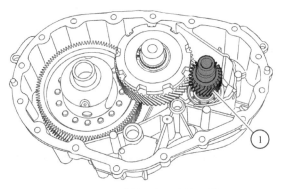

图4-2-11 拆卸减速器输入轴

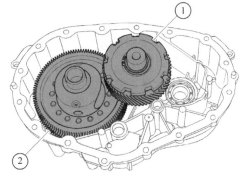

图4-2-12 拆卸中间轴与差速器

k. 使用卡簧钳拆卸图4-2-13所示的P档齿圈固定卡扣1。

l. 取下P档齿圈。

m. 拆卸图4-2-14所示的输入轴密封圈1。

注意：输入轴密封圈为一次性零部件，每次拆卸后需更换新的输入轴密封圈。

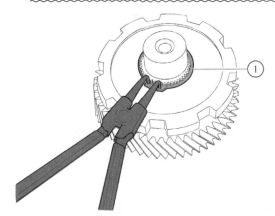

图4-2-13 拆卸P档齿圈固定卡扣

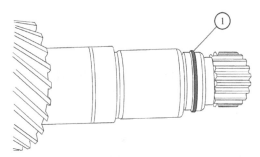

图4-2-14 拆卸输入轴密封圈

n. 使用合适的工具拆卸图4-2-15中的输入轴油封1和半轴油封2。

注意：油封为一次性零部件，每次拆卸后需更换新的半轴油封。

清洗步骤：

组装减速器前，清理减速器零部件，清除减速器前后箱体密封面的密封胶。一般使用煤油清除减速器的零部件表面粉尘、铁屑等杂质。

安装步骤：

① 组装减速器。

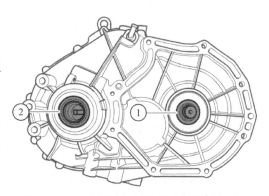

图4-2-15 拆卸输入轴油封1和半轴油封2

a. 使用合适工具安装输入轴油封 1 和半轴油封 2，如图 4-2-16 所示。

注意：**半轴油封和输入轴油封为一次性零部件，每次拆卸后需更换新件。**

b. 在输入轴上安装新的输入轴密封圈 1，如图 4-2-17 所示。

注意：**输入轴密封圈为一次性零部件，每次拆卸后需更换新的输入轴密封围。**

c. 在中间轴上安装 P 档齿圈。

d. 在中间轴上安装 P 档齿圈固定卡扣 1，如图 4-2-18 所示。

e. 在减速器后箱体上先安装差速器总成 2，再安装中间轴，如图 4-2-19 所示。

f. 在减速器后箱体内安装输入轴 1，如图 4-2-20 所示。

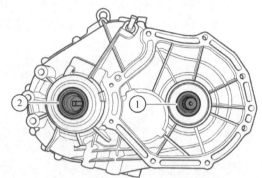

图 4-2-16　安装输入轴油封 1 和半轴油封 2

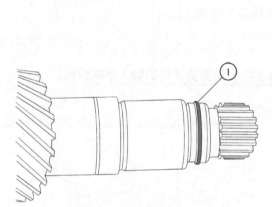

图 4-2-17　安装输入轴密封圈

图 4-2-18　安装 P 档齿圈固定卡扣

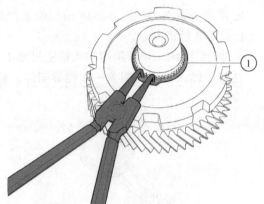

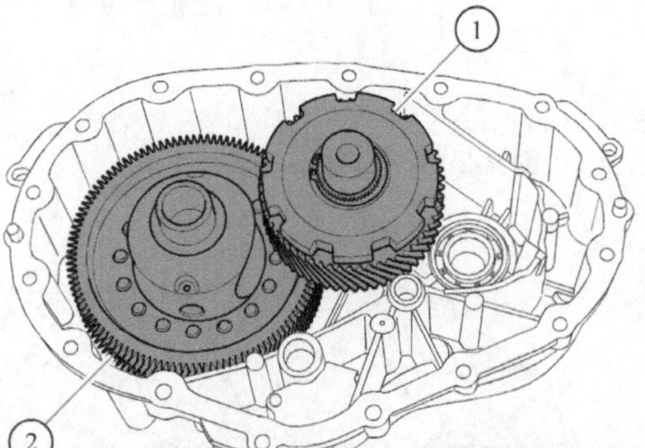

图 4-2-19　安装差速器总成和中间轴

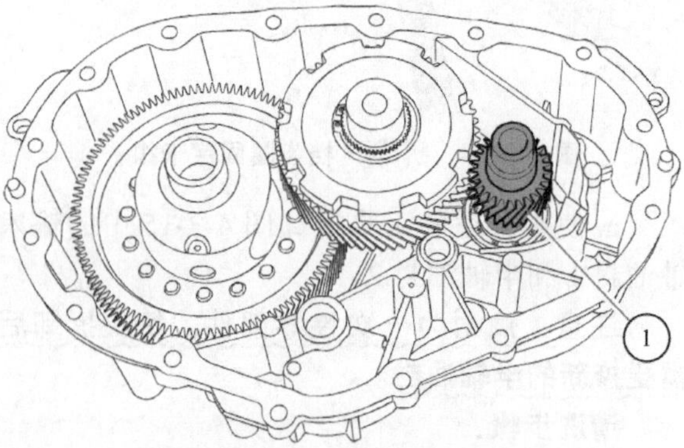

图 4-2-20　安装 P 档输入轴

g. 安装 P 档锁止轴 1 和换档轴 1，分别如图 4-2-21 和图 4-2-22 所示。

h. 在减速器后箱体上涂抹密封胶，安装减速器前箱体，采用对角紧固法拧紧图 4-2-23 所示减速器前后箱体的紧固螺栓。

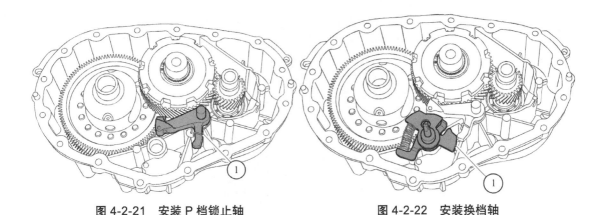

图 4-2-21 安装 P 档锁止轴   图 4-2-22 安装换档轴

注意：涂抹密封胶时，一定要均匀涂抹，不能断胶。减速器前后箱体紧固螺栓拧紧力矩 31N·m。

i. 使用合适的工具安装图 4-2-24 所示半轴油封 1。

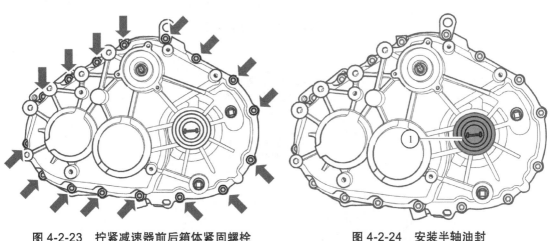

图 4-2-23 拧紧减速器前后箱体紧固螺栓   图 4-2-24 安装半轴油封

j. 安装 TCU，拧紧图 4-2-25 所示 TCU 控制模块的 2 颗紧固螺栓 1（拧紧力矩：9N·m）。

k. 安装电机，拧紧图 4-2-25 所示电机的 3 颗紧固螺栓 2 与 1 颗支架紧固螺栓 3（拧紧力矩：9N·m）。

② 安装减速器总成。

（2）比亚迪 e5 车型

① 排放齿轮油。

a. 松开图 4-2-26 所示的减速器放油螺栓，将箱体内齿轮油排尽。

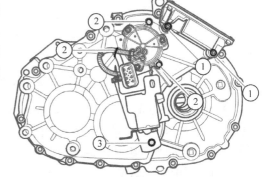

图 4-2-25 安装 TCU 和 P 档电机

b. 检查放油螺栓和密封圈是否完好，如果损坏，则需要更换。

② 箱体拆分前的摆放。将减速机构放置稳固，以保证在接下来的分解过程中主轴、差速器半轴或箱体的高点不致于和地面有接触造成磨损，如图 4-2-27 所示。

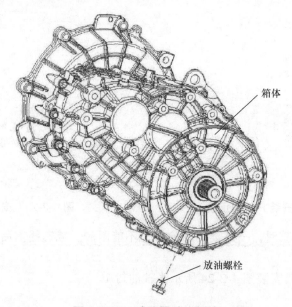

图 4-2-26　减速器放油螺栓

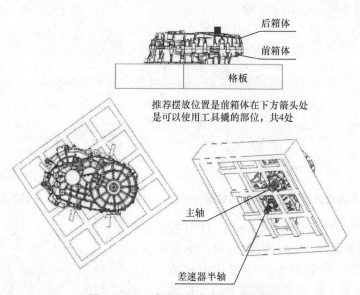

图 4-2-27　减速机构拆解时的摆放

　　③ 差速器半轴的分离。如图 4-2-28 所示，差速器半轴组件拆卸只需拧松差速器半轴螺栓即可，在差速器半轴端面处可以看到半轴螺栓。使用 6 号 L 形内六角扳手、套管和管钳即可完成差速器半轴组件的拆卸。

　　④ 前后箱体的分离：

　　a. 交错拧开固定变速器前后箱体的紧固螺栓，如图 4-2-29 所示。

　　b. 将前后箱体分离。拆分箱体时，注意三轴的调整垫片、磁铁、定位销等小部件。副轴后轴承是圆柱滚子轴承，其内圈附于副轴组件上，外圈和滚子被副轴后轴承卡簧限位在后箱体上。

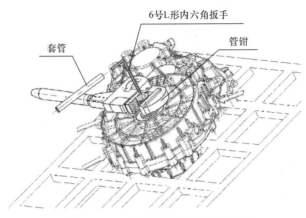

图 4-2-28　差速器半轴组件的拆卸

c. 观察紧固螺栓螺纹部分是否有损坏，如果有损坏，应更换完好的螺栓。

注意：在拆分过程中，应保护好前箱体与后箱体接触的面，防止此面损伤。

⑤ 前后箱体部分的拆装和维修：

a. 将后箱体置于工作台上并安放平稳。

注意：如果副轴后轴承或副轴组件中任意一个有损坏情况，如辅承烧蚀、齿轮崩齿，必须维修或更换。

b. 用专用工具（卡簧钳）将副轴后轴承卡簧压缩、取出，如图 4-2-30 所示。

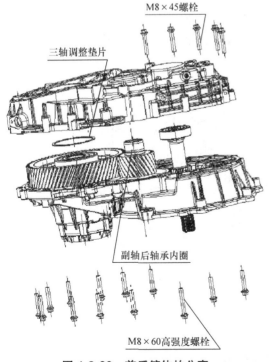

图 4-2-29　前后箱体的分离

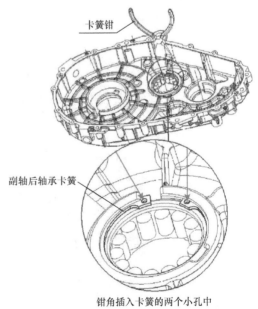

图 4-2-30　取出副轴后轴承卡簧

c. 滑块上移，撞向螺杆手柄，反复几次，均匀用力取出轴承外圈和保持架，如图4-2-31所示。

d. 拆卸差速器组件，将后箱体外端面差速器位置的的6颗紧固螺母拧下，可取出组件，如图4-2-32所示。

然后对副轴组件的3颗紧固螺栓进行拆卸，旋转副轴齿轮，使套筒通过其上减重孔，拧开螺栓。主轴位压板紧固件布局有两种状态，如图4-2-33所示。

将主轴组件、副轴组件和之前拆卸的差速器组件都安置好。检查是否有零件损坏，三个轴组件都不建议再拆卸。

⑥ 箱体的清洗与油封、轴承外圈的安装。

a. 清除减速器前、后箱体表面的粉尘、铁屑等杂质；注意合箱面胶渍的清理。

b. 清除定位销、主轴油封、磁铁、紧固螺栓等零件表面的粉尘、铁屑，并将这些零件装入减速器前箱体，由于定位销是空心的，轻轻敲入箱体中即可。

c. 清除差速器油封表面的粉尘、铁屑等杂质，将差速器油封装入减速器后箱体。副轴后轴承外圈和保持架用安装工具压在轴承孔上，如图4-2-34所示。

d. 将主轴油封和另一个差速器油封用安装工具装在前箱体的相应位置上。

⑦ 主轴组件的清洗与组装

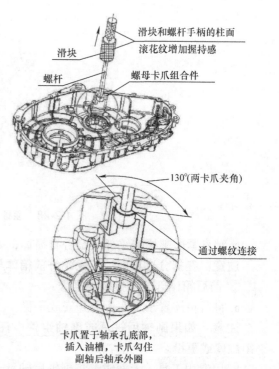

图 4-2-31　取出轴承的外圈和保持架合件

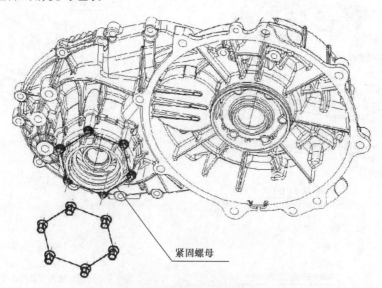

图 4-2-32　拆卸紧固螺母

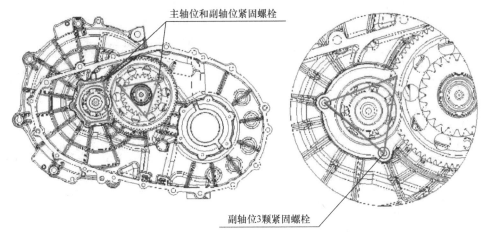

主轴位和副轴位紧固螺栓

副轴位3颗紧固螺栓

图 4-2-33　主轴位压板紧固件布局

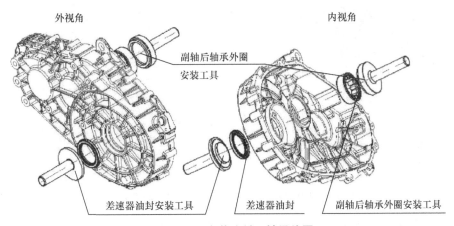

外视角　　　　　　　　　　　　　　　内视角

副轴后轴承外圈
安装工具

差速器油封安装工具　　　差速器油封　　　副轴后轴承外圈安装工具

图 4-2-34　安装油封、轴承外圈

a. 观察主轴组件中主轴螺母是否出现松脱，并用煤油清洗干净，尤其是两个深沟球轴承滚道要彻底清理干净。随后，穿入前箱体主轴孔位，摆正主轴压板。

b. 螺栓中部偏下位置涂上螺纹固定胶，要求胶液覆盖 3 ~ 5 扣螺纹，螺栓预紧，再用扳手拧紧，最后使用力矩扳手以 12N·m 的力扭矩拧紧。

2. 电子换档器总成的更换

拆卸步骤：

① 打开车门，铺设室内防护套件，打开前机舱并铺设翼子板垫，断开 12V 蓄电池负极电缆。

② 使用合适的工具撬开换档机构装饰面板固定卡扣，如图 4-2-35 所示，翘起装饰面板，注意不要翘起过高以免损毁下方线束。

③ 断开图 4-2-36 所示电子驻车制动开关线束插接器，取下换档机构装饰面板。

④ 使用合适的工具撬开图 4-2-37 中的副仪表板面板总成卡扣，并取下副仪表板面板总成。

⑤ 断开图 4-2-38 所示的驾驶模式开关总成线束插接器。

⑥ 拆卸图 4-2-39 所示电子换档器总成的 4 颗紧固螺栓。

⑦ 断开图 4-2-40 所示电子换档器总成插接器，取下电子换档器总成。

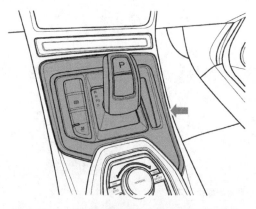

图 4-2-35　撬开换档机构装饰面板固定卡扣

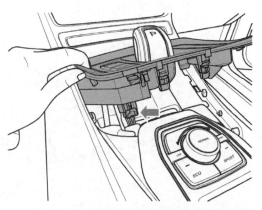

图 4-2-36　断开电子驻车制动开关线束插接器

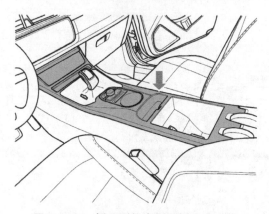

图 4-2-37　撬开副仪表板面板总成卡扣

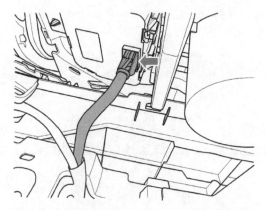

图 4-2-38　断开驾驶模式开关总成线束插接器

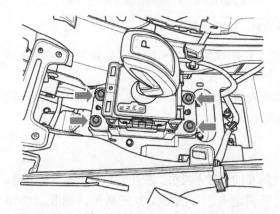

图 4-2-39　拆卸电子换档器总成的 4 颗紧固螺栓

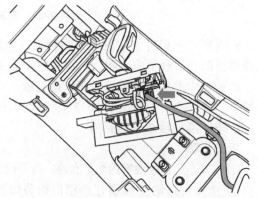

图 4-2-40　断开电子换档器总成插接器

安装步骤：

① 连接电子换档器总成线束插接器，如图 4-2-41 所示。

② 安装并拧紧图 4-2-42 中的电子换档器总成的 4 颗紧固螺栓，螺栓拧紧力矩：9N·m。

③ 连接驾驶模式开关总成线束插接器，如图 4-2-43 所示。

④ 安装图 4-2-44 所示的副仪表板面板总成。

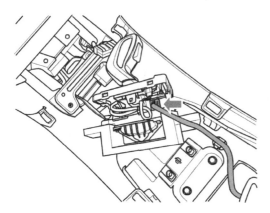

图 4-2-41　连接电子换档器总成插接器

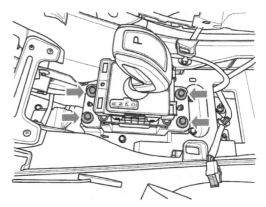

图 4-2-42　拧紧电子换档器总成的 4 颗紧固螺栓

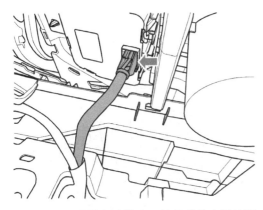

图 4-2-43　连接驾驶模式开关总成线束插接器

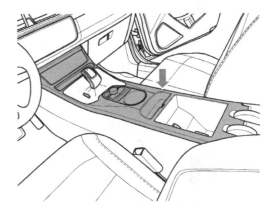

图 4-2-44　安装副仪表板面板总成

⑤ 连接 EPB 驻车制动开关线束插接器，如图 4-2-45 所示。

⑥ 安装换档机构装饰面板总成，如图 4-2-46 所示。

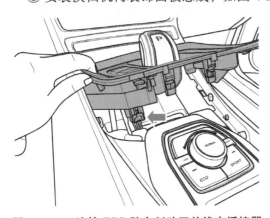

图 4-2-45　连接 EPB 驻车制动开关线束插接器

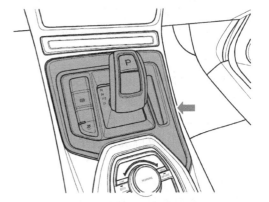

图 4-2-46　安装换档机构装饰面板总成

⑦ 清洁室内并拆除室内防护套装，连接 12V 蓄电池负极电缆，移除翼子板垫并关闭前机舱。

3. 驻车（P档）电机的更换

拆卸步骤：

① 打开前机舱，铺设翼子板垫，断开12V蓄电池负极电缆。

② 安全举升车辆，并拆卸前机舱底部护板总成。

③ 断开图4-2-47中的驻车电机线束插接器1和驻车电机线束卡扣2。

④ 拆卸图4-2-47中的4颗驻车电机紧固螺栓3，并取下驻车电机4。

安装步骤：

① 将驻车电机布置在安装位置，拧紧驻车电机4颗紧固螺栓（图4-2-47），拧紧力矩：9.5N·m。

② 将驻车电机线束卡扣2紧固在安装位置，连接驻车电机线束插接器1（图4-2-47）

③ 安装前机舱底部护板总成，降下车辆。

④ 连接12V蓄电池负极电缆，移除翼子板垫，关闭前机舱盖。

4. TCU 的更换

拆卸步骤：

① 打开前机舱，铺设翼子板垫，断开12V蓄电池负极电缆。

② 安全举升车辆，并拆卸前机舱底部护板总成。

③ 断开图4-2-48中的TCU控制模块线束插接器1。

④ 拆卸图4-2-48中TCU支架的2颗紧固螺栓2，取下TCU控制模块3。

 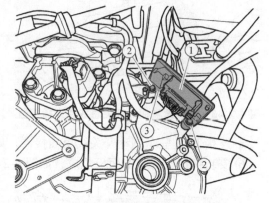

图4-2-47　断开线束拆卸紧固螺栓　　　　　图4-2-48　断开线束拆卸紧固螺栓

安装步骤：

① 将TCU控制模块安装到支架上，拧紧2颗紧固螺栓。

② 连接TCU控制模块线束插接器。

③ 安装前机舱底部护板总成。

④ 降下车辆，移除翼子板垫，连接12V蓄电池负极电缆，关闭前机舱盖。

5. 半轴的更换

拆卸步骤：

① 安全举升车辆，拆卸前轮，拆卸前机舱底部护板总成，排空减速器中的油液。

② 使用冲子松开半轴锁止螺母的锁止片，如图4-2-49所示。

③ 如图4-2-50所示，拆卸半轴固定锁止螺母。

④ 拆卸图4-2-51所示的转向节和前减振器的2个连接螺母，取出螺栓。

图 4-2-49　用冲子松开半轴锁止螺母的锁止片

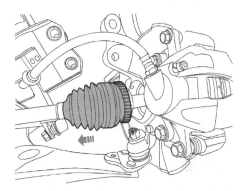

图 4-2-50　拆卸半轴固定锁止螺母

⑤ 如图 4-2-52 所示，取出半轴的外端。

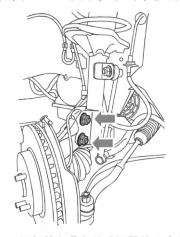

图 4-2-51　拆卸转向节和前减振器的 2 个连接螺母

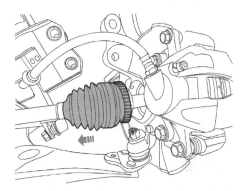

图 4-2-52　取出驱动轴的外端

⑥ 适当向外拉动制动器，使用合适工具拆下半轴的内端，取下半轴总成，如图 4-2-53 所示。

安装步骤：

① 现将驱动轴内端至减速器一侧。

注意：在安装过程中应防止半轴跌落，不得损坏防尘罩和油封。在安装过程中应用力推入，并确保安装到位。

② 安装驱动轴外端至转向节，如图 4-2-54 所示。

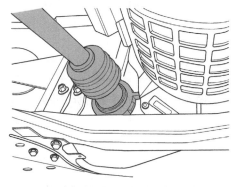

图 4-2-53　取下半轴

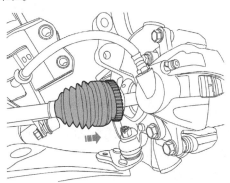

图 4-2-54　安装驱动轴外端至转向节

③ 拧紧转向节和前减振器的紧固螺栓，并拧紧紧固螺母，如图 4-2-55 所示，拧紧力矩：153N·m。

④ 安装驱动轴外固定锁止螺母，并使用力矩扳手以 206～226N·m 的力矩拧紧锁止螺母，如图 4-2-56 所示。

⑤ 使用冲子锁止驱动轴紧固螺母。

⑥ 安装前轮，给减速器加注油液，安装前机舱底部护板并降下车辆。

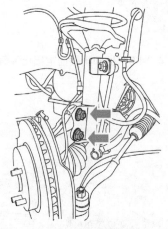

图 4-2-55　拧紧转向节和前减振器的紧固螺栓

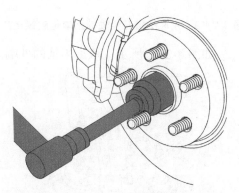

图 4-2-56　安装驱动轴外固定锁止螺母

6. 半轴零部件的更换

① 按照上述步骤拆卸半轴。

② 如图 4-2-57 用螺丝刀松开固定球笼式等速万向节防尘罩的卡箍，拆下防尘罩。

③ 拆开等速万向节，擦去润滑脂，使用卡簧钳拆下卡簧，如图 4-2-58 所示。

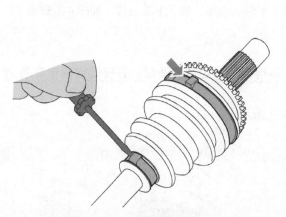

图 4-2-57　拆卸防尘罩卡箍

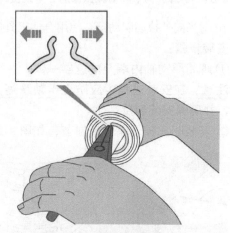

图 4-2-58　使用卡簧钳拆下卡簧

组装顺序按照与上述相反的过程进行。

7. 半轴油封的更换

拆卸步骤：

① 举升车辆，先拆卸前轮，然后拆卸前机舱底部护板总成，排空减速器并参照 4.2.2

小节的相关内容拆卸半轴。

②　使用一字螺丝刀或撬杠翘起油封外唇口，向外撬出半轴油封，如图 4-2-59 所示。

注意：使用工具拆卸油封时，不要损坏减速器壳体及油封。

安装步骤：

①　在新的油封组件唇口上涂抹变速器油。

②　使用油封安装工具安装油封组件到减速器壳体上，如图 4-2-60 所示。

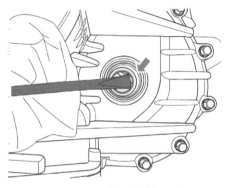

图 4-2-59　撬出半轴油封

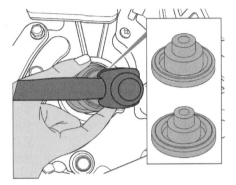

图 4-2-60　使用油封安装工具安装油封

4.3　驱动电机减速机构故障诊断★★★

1. 减速机构异响、振动、噪声故障诊断策略

减速机构的传动轴、万向节、差速器、螺栓等松旷或出现故障会造成车辆在行驶过程中发出异响。驱动系统噪声、振动、不平顺等故障症状见表 4-3-1。

2. 半轴万向节异响故障诊断策略

半轴万向节异响故障诊断策略见表 4-3-2。

3. 传动轴发抖或前驱半轴振动故障诊断策略

传动轴发抖或前驱半轴振动故障诊断策略见表 4-3-3。

4. 万向节松旷故障诊断策略

万向节松旷故障诊断策略见表 4-3-4。

5. 传动轴不平衡故障诊断策略

传动轴不平衡故障诊断策略见表 4-3-5。

6. 驱动桥异响故障诊断策略

驱动桥异响故障诊断策略见表 4-3-6。

7. 驻车电机不正常工作故障诊断策略

驾驶人操作电子换档器进入 P 档，电子换档器将驻车请求信号发送到整车控制器（VCU），VCU 结合当前驱动电机转速及轮速情况判断是否符合驻车条件。当符合条件时，VCU 发送驻车指令到变速器控制单元（TCU），TCU 根据驻车条件判断是否进行驻车，TCU 控制驻车电机进入 P 档，锁止减速器。驻车完成后 TCU 将收到减速器发出的 P 档位置信号，并将此信号反馈给 VCU，完成换档过程。

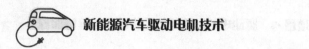

表 4-3-1　驱动系统噪声、振动、不平顺等故障症状

部位	症状	可能的原因及可疑部件
驱动轴	噪声	万向节角度过大 万向节滑动阻力 车轮轴承损坏 前轴和前悬架 轮胎／车轮
	抖动	万向节角度过大 驱动轴平衡 车轮轴承损坏 前轴和前悬架 轮胎／车轮
前轴	噪声	安装不当、松动 零部件干涉 车轮轴承损坏 前轴和前悬架 轮胎／车轮
	抖动	
	振动	安装不当、松动 零部件干涉 车轮轴承损坏 前轴和前悬架 轮胎
	颤动	安装不当、松动 零部件干涉 前轴和前悬架 轮胎／车轮
	乘坐不适	安装不当、松动 零部件干涉
	操作困难	前轴和前悬架 轮胎／车轮

表 4-3-2　半轴万向节异响故障诊断策略

故障现象	① 汽车起步时有撞击声，行驶中始终有异响 ② 起步时无异响，行驶中却有异响 ③ 行驶中发出周期性的响声，速度越高响声越大 ④ 不同工况时，传动轴发出"吭"或"咣当、咣当"的响声 ⑤ 运行中出现连续的"呜、呜"响声
故障原因	① 缺乏润滑油 ② 万向节十字轴及滚针磨损松旷或滚针碎裂 ③ 传动轴花键齿与伸缩管花键槽磨损松旷 ④ 减速器花键齿与凸缘花键槽磨损过甚 ⑤ 各连接部位的螺栓松动 ⑥ 中间轴承磨损过度或轴承支架橡胶套损坏，或支架位置不正确和装配不当等导致轴承歪斜 ⑦ 传动轴弯曲、凹陷，运转中失去平衡 ⑧ 传动轴两端万向节叉安装不正确 ⑨ 平衡块脱落，凸缘和轴管焊接歪斜，花键配合松旷 ⑩ 万向节十字轴回转中心与传动轴同轴度误差过大

（续）

诊断策略	① 行驶中变换车速和加速试验，如出现"喀啦、喀啦"的撞击声，很可能是轴承磨损松旷或缺油，应加足润滑油，修复或更换轴承 ② 车辆在起步时，出现"咣当"一声响或响声较杂乱，如在缓坡路上向后倒车时，出现"咯叭、咯叭"的连续声响，一般是滚针碎裂、折断或丢失，应更换新品 ③ 周期性异响，车速越快响声越大，应检查传动轴是否弯曲、平衡块有无脱落、花键配合是否松旷 ④ 若连续振响，应检查中间轴承支架垫圈等 ⑤ 举起汽车使车轮高速运转，查看传动轴摆振情况。特别是当抬起加速踏板，车速突然下降时，若摆振更大，则为凸缘和轴管焊接歪斜或传动轴弯曲 ⑥ 检查万向节叉及中间轴支架的技术状况，如因安装不合要求，十字轴及滚针磨损碎裂而引起松旷，使传动轴总成失去平衡，应修复或更换 ⑦ 用手扭动传动轴，如感到阻力很大，应检查支架螺栓紧固情况和轴承位置，必要时进行调整。如果扭转传动轴感到松旷，可分解检查轴承是否磨损过度或损坏、润滑油是否缺少、支架橡胶套是否损坏，必要时进行修理或更换

表 4-3-3　传动轴发抖或前驱半轴振动故障诊断策略

故障现象	若为传动轴振动，则当汽车行驶达到一定速度时，车身出现严重振动，车门、转向盘等强烈振响 若为前驱动轴振动，当汽车加速行驶或高速行驶时会出现前驱动轴振动，严重时车身亦出现振响
故障原因	① 传动轴装配错误，两端万向节叉不处在同一平面内 ② 传动轴弯曲变形 ③ 传动轴轴管凹陷或平衡片脱落 ④ 中间支承轴承或支架橡胶垫环隔套磨损松旷 ⑤ 十字轴滚针轴承磨损松旷或破裂 ⑥ 传动轴伸缩节的花键齿与花键槽磨损，配合松旷 ⑦ 前驱动轴内侧等速万向节磨损松旷
诊断策略	① 汽车行驶时产生周期性声响和振动，车速越快声响和振抖越大，应检查装配标记是否对正，以保证传动轴两端万向节叉处于同一平面内。如不对正，应重新装配 ② 若装配标记正确，应检查平衡片是否脱落，传动轴轴管是否凹陷。如平衡片脱落或轴管凹陷，应予以修理 ③ 进一步诊断，应拉紧驻车制动器，用两手握住传动轴轴管来回转动。若有晃动感，应检查各连接螺栓是否松动。若松动，应予以紧固，再检查传动轴花键配合是否松旷。如松旷，应修理或更换 ④ 以上检查完好，应拆下传动轴，检查传动轴是否弯曲变形，如弯曲变形，应予以校正 ⑤ 检查十字轴轴颈和滚针轴承是否磨损松旷、滚针碎裂。不符合要求，应予以修理或更换 ⑥ 若汽车行驶时呈连续振响，应在起动开关关闭后，用手握住中间传动轴，径向晃动，检查中间支承支架紧固螺栓是否松动，轴承是否磨损松旷，橡胶垫环隔套是否径向间隙过大。如不符合要求，应予以修理或更换 ⑦ 经以上检查完好，应拆下中间传动轴检查，如有弯曲变形，应予校正 ⑧ 若为前桥驱动的，应拆检前驱动轴内侧等速万向节的滚道表面和钢球是否严重磨损、卡滞。如过度磨损或卡滞，应更换内侧等速万向节

表 4-3-4　万向节松旷故障诊断策略

故障现象	在汽车起步时就能听见"喀啦、喀啦"的撞击声，在突然改变车速的瞬间，如突然加速时，响声更为明显，缓慢匀速行驶时响声较轻微，在汽车缓行时发出"咣当、咣当"的响声
故障原因	① 凸缘盘连接螺栓松动 ② 万向节主、从动部分游动角太大 ③ 万向节十字轴磨损严重
诊断策略	① 用橡胶锤轻轻敲击各万向节凸缘盘连接处，检查其松紧度。太松旷则说明故障由连接螺栓松动引起，否则继续检查 ② 用双手分别握住万向节主、从动部分转动，检查游动角度。游动角度太大，则故障由此引起

表 4-3-5　传动轴不平衡故障诊断策略

故障现象	汽车行驶中传动装置发出周期性的响声，车速越高响声越大，严重时伴有驾驶员振背感。这是传动轴动不平衡的特征
故障原因	① 传动轴弯曲或传动轴管凹陷 ② 中间支承紧固螺栓松动 ③ 中间支承轴承位置偏斜 ④ 万向节损坏；安装不合要求；传动轴的凸缘和轴管焊接时位置歪斜 ⑤ 传动轴上原平衡块脱落
诊断策略	① 检查传动轴是否凹陷，有凹陷，则故障由此引起；没有凹陷，则继续检查 ② 检查传动轴管上的平衡片是否脱落 ③ 检查伸缩叉安装是否正确，不正确，则故障由此引起。伸缩叉正确安装，要求两个万向节叉在同一平面上 ④ 拆下传动轴进行动平衡试验，如动不平衡，则应校准以消除故障

表 4-3-6　驱动桥异响故障诊断策略

故障现象	① 行驶时驱动桥异响，松开加速踏板滑行时异响消失 ② 行驶时驱动桥异响，松开加速踏板时亦有异响 ③ 直线行驶时无异响，转向时有异响 ④ 上坡时无异响，下坡时有异响 ⑤ 上、下坡时都有异响
故障原因	① 齿轮啮合不良或齿面剥落、裂缺、断齿、磨损过度等 ② 半轴齿轮与半轴配合花键松旷 ③ 差速器某零部件磨损过度 ④ 某齿轮啮合间隙过小或过大；某齿轮啮合印迹不当
诊断策略	① 行驶时驱动桥异响，松开加速踏板时异响消失，通常为齿面剥落引起 ② 行驶时驱动桥异响，松开加速踏板时亦有异响，通常为齿轮断齿、磨损过度等 ③ 直线行驶时无异响，转向时有异响，通常为差速器某零部件磨损过度 ④ 上坡时无异响，下坡时有异响，通常为减速器齿轮啮合间隙过小或过大和齿轮啮合印迹不当。上、下坡时均有异响，通常为齿面裂缺和断齿

　　驾驶人操作电子换档器退出 P 档，电子换挡器将解除驻车请求信号发送给 VCU，VCU 结合当前驱动电机转速及转速情况判断是否满足解除驻车条件，当符合条件时，VCU 发送解除驻车指令到 TCU，TCU 根据解锁条件判断是否进行解锁，TCU 控制电机解除 P 档锁止减速器。解除车完成后 TCU 将收到减速器发出的档位信号，并将此信号反馈给 VCU 完成换档过程。

　　驻车电机相关的电路图如图 4-3-1 所示。

　　驻车电机不正常工作故障诊断策略见表 4-3-7。

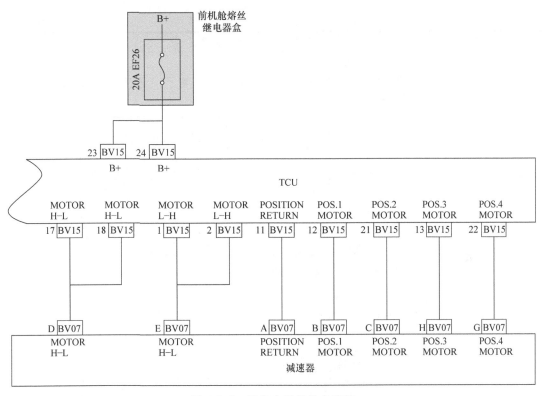

图 4-3-1　驻车电机相关电路图

表 4-3-7　驻车电机不正常工作故障诊断策略

诊断项目	诊断流程
使用故障诊断仪确认故障	① 将故障诊断仪连接到车辆 OBD 插座 ② 打开车辆起动开关，读取故障码确认故障
检查 TCU 低压供电	① 确保起动开关关闭 ② 拔下熔丝 EF26，检查是否熔断 如熔断则检查相关电路，排除相关电路故障后更换额定容量熔丝（20A）
检查 TCU 模块线束插接器端子电压	① 确保起动开关关闭 ② 断开 TCU 模块线束插接器 BV15 ③打开起动开关，测量 BV15 的端子 23、端子 24 与搭铁之间的电压。标准电压：11～14V。如果测量的电压不在标准值范围内，检查电路

（续）

诊断项目	诊断流程
检查 TCU 模块线束插接器搭铁端子	① 确保起动开关关闭 ② 断开 TCU 模块线束插接器 BV15，测量端子 7、端子 8 与车身搭铁之间电阻值。标准电阻：小于 1Ω 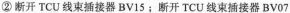 如果测量的结果不在标准值范围内，检查电路
检查换档电机控制线路	① 确保起动开关关闭 ② 断开 TCU 线束插接器 BV15；断开 TCU 线束插接器 BV07 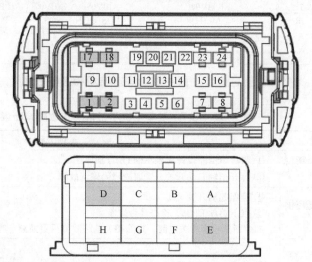 ③ 使用万用表按下表方式进行测量：

测量端口 A	测量端口 B	测量标准
BV15-1	BV07-E	标准电阻：小于 1Ω
BV15-2	BV07-E	
BV15-17	BV07-D	
BV15-18	BV07-D	
BV15-1	车身搭铁	标准电阻：10kΩ 或更高
BV15-2	车身搭铁	
BV15-1	车身搭铁	标准电压：0V
BV15-2	车身搭铁	

如果测量的结果不在标准值范围内，检查电路

（续）

诊断项目	诊断流程
检查换档电机位置信号电路	① 确保起动开关关闭 ② 断开 TCU 线束插接器 BV15；断开 TCU 线束插接器 BV07 ③ 使用万用表按下表方式进行测量：

测量端口 A	测量端口 B	测量标准
BV15-11	BV07-A	标准电阻：小于 1Ω
BV15-12	BV07-B	
BV15-21	BV07-C	
BV15-13	BV07-H	
BV15-22	BV07-G	
BV15-11	车身搭铁	标准电阻：10kΩ 或更高
BV15-12	车身搭铁	
BV15-21	车身搭铁	
BV15-13	车身搭铁	
BV15-22	车身搭铁	

诊断项目	诊断流程
	如果测量的结果不在标准值范围内，检查电路
更换换档电机	① 确保起动开关关闭；断开蓄电池负极，按照 4.2.2 小节"3.驻车（P 档）电机的更换"流程更换驻车电机 ② 确认故障是否排除 如果故障没有排除，则更换 TCU 控制模块；故障排除则诊断结束

驱动电机冷却系统结构原理与维修保养

【知识目标】

1）能够叙述新能源汽车驱动电机冷却系统的要求。

2）能够讲述驱动电机冷却系统的分类。

3）能够理解驱动电机冷却系统的结构及原理。

【技能目标】

1）能够正确举升车辆和进行高压上、下电操作。

2）能够正确进行驱动电机冷却系统冷却液液位、冷却液冰点、冷却液管路检查及冷却液的更换操作。

3）能够正确进行驱动电机冷却系统膨胀罐、加水软管、散热器通风管、散热器进/出水管、电动冷却液泵、冷却风扇和散热器等零部件或总成的更换操作。

4）能够正确查询驱动电机冷却系统系统电路图。

5）能够正确连接故障诊断仪进行故障码读取与清除。

6）能够正确对驱动电机温度传感器、冷却液泵不工作和冷却风扇不工作引发的故障进行诊断。

7）作业结束后，能够正确收集、清洁和整理工具，对工位进行7S操作。

【素养目标】

1）遵守工作场所相关法律法规和政策要求，拥有高的安全意识。

2）在需要的时候，协助他人并提供帮助。

3）能够合理地分析和解决完成分配的任务时出现的问题。

4）理解和阅读工作文件，报告书写清晰、简洁。

5.1 驱动电机冷却系统结构与原理

5.1.1 驱动电机冷却系统概述

新能源汽车驱动系统工作时，电机控制器和驱动电机均工作在高电压、高电流、大负荷工况下。电机控制器的主要生热器件是输出级的功率绝缘栅型双极场效应晶体管MOSFET器件。这些功率模块的损耗主要包括晶体管工作时的导通损耗、关断损耗、通态损耗、截止损耗和驱动损耗，这些功率损耗都会转换成热能，使控制器发热。最重要的是通态损耗和关断损耗，这两项损耗是电机控制器热量的主要来源。

驱动电机在运转过程中产生的热对电机的物理、电气和力学特性有着重要影响，当温度上升到一定程度时，电机的绝缘材料会发生本质上的变化，最终使其失去绝缘能力。另一方面，随着电机温度的升高，电机中的金属构件强度和硬度也会逐渐下降。由电子元器件组成的控制器，同样会由于温度过高面导致电子器件的性能下降，出现不利影响，如过高温度会导致半导体结点、电路损害、增加电阻，甚至烧坏元器件。

驱动电机内部由铁心和线圈组成，电机通电运行都会有不同的发热现象。线圈有电阻，通电会产生损耗，损耗大小与电阻和电流的二次方成正比，这就是铜损。除直流电机外，电动汽车电机控制器输出的电流多为方波，不是标准的正弦波，会产生谐波损耗。铁心有磁滞涡流效应，在交变磁场中也会产生损耗，其大小与材料、电流、频率、电压有关，这就是铁损。铜损和铁损都会以发热的形式表现出来，从而影响电机的效率。

5.1.2 驱动电机冷却系统分类及原理

驱动电机在工作时，总是有一部分损耗转变成热量，它必须通过驱动电机外壳和周围介质不断将热量散发出去，这个散发热量的过程叫作冷却。驱动电机主要冷却方式有自然冷却、风冷和水冷，各类型冷却系统组成和特点及应用见表5-1-1。

表5-1-1 各类型冷却系统组成和特点及应用

类型	原理	优缺点
自然冷却	自然冷却依靠电机铁芯自身的热传递，散去电机产生的热量，热量通过封闭的机壳表面传递给周围介质，其散热面积为机壳的表面，为增大散热面积，机壳表面可加冷却筋	结构简单，不需要辅助设施就能实现，但自然冷却效率差，仅适用于转速低、负载转矩小、电机发热量较小的小型电机
风冷	电机自带同轴风扇来形成内风路循环或外风路循环，通过风扇产生足够的风量，带走电机所产生的热量。介质为电机周围的空气，空气直接送入电机内，吸收热量后向周围环境排出	冷却效果好；可使用风冷却器，采用循环空气冷却器避免腐蚀物和磨粒，有利于提高电机的使用寿命；结构相对简单，电机冷却成本较低。但受环境因素的制约，在恶劣的工业环境中，例如高温、粉尘、污垢和恶劣的天气下无法使用风冷。风冷适用于常用于一般清洁、无腐蚀、无爆炸环境下的电机
水冷	水冷是将冷却液通过管道和通路引入定子或转子空心导体内部，通过循环的冷却液不断的流动，带走电机转子和定子产生的热量，达到对电机的冷却功能	冷却效果比风冷更显著。但是，需要良好的机械密封装置，冷却液循环系统结构复杂，存在渗漏隐患，如果发生冷却液渗漏，会造成电机绝缘破坏，可能烧毁电机；水质需要处理，其电导率、硬度和pH值都有一定的要求。水冷式电机主要应用于大型机组和高温、粉尘、污垢等恶劣的无法使用自然冷却、风冷型电机的场合，如纺织、冶金、造纸等行业使用的电机

　　比亚迪 e2、e5 车型驱动电机冷却系统均采用电动冷却循环系统、双风扇散热器，安装在车辆前部。冷却系统将驱动电机和高压电控总成（内装电机控制器）串联在冷却循环回路中，如图 5-1-1 所示。

　　吉利帝豪 EV450 驱动电机冷却系统如图 5-1-2 所示，驱动电机、电机控制器、车载充电机串联在冷却回路中。

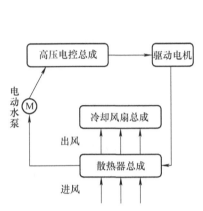

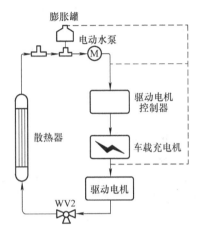

图 5-1-1　比亚迪 e2、e5 车型驱动电机冷却系统　　**图 5-1-2　吉利帝豪 EV450 车型驱动电机冷却系统**

　　电动冷却液泵由低压电路驱动，为冷却液的循环提供压力。

　　膨胀罐是一个透明塑料罐，通过冷却液管路与散热器相连接。冷却液随着温度的升高并膨胀，部分冷却液因膨胀从冷却系统中流回膨胀罐，散热器和冷却液管路中滞留的空气也被排入膨胀罐。

　　车辆停止，冷却液温度降低并收缩，先受热排出的冷却液则被吸回散热器，使散热器中的冷却液液面一直保持在合适的高度，并提高冷却效率。

　　冷却风扇安装在车辆前部散热器的后方，可增加散热器和冷凝器的通风量，加快系统的冷却速度。目前一般采用双风扇，高低速控制模式。冷却风扇由整车控制器利用冷却风扇低速和高速两个继电器控制。在低速控制电路中，采用串联调节电阻的方式改变风扇转速。

　　驱动电机冷却系统一般采用乙二醇型冷却液，冰点在 -40℃ 左右。禁止使用普通自来水代替冷却液。

5.2　驱动电机冷却系统一般保养与维修

5.2.1　驱动电机冷却系统一般保养 ★

1. 驱动电机冷却液液位检查

　　① 打开前机舱盖，找到如图 5-2-1 所示驱动电机冷却系统膨胀罐，检查膨胀罐内冷却液液位是否位于 F 和 L 之间。

　　② 打开图 5-2-1 箭头指示的加注口盖，查看冷却液是否浑浊。

注意：应在冷却系统彻底冷却后再打开加注口盖，处于散热状态时切勿打开，以免烫伤。如果冷却液不在规定范围内，应添加；如果冷却液浑浊，应更换。

2. 驱动电机冷却液冰点检查

驱动电机冷却液冰点检查如图 5-2-2 所示。检测冷却液的冰点时，取少许冷却液样品涂于冰点测试仪比重计观测口；单目通过冰点测试仪观测口查看冷却液冰点值。观测口中有明显的蓝白分界线，上部为蓝色，下部为白色，分界线对应的刻度就是测量的结果。

3. 驱动冷却液管路检查

目视检查驱动系统的冷却管路以及管路与零部件的接口处是否泄漏，冷却

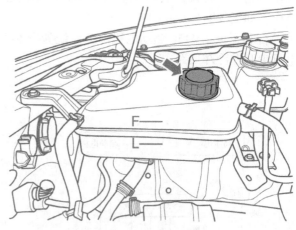

图 5-2-1　冷却液液位

液根据规定需要配备醒目的颜色，确保泄漏时能目视发现。用手捏冷却液管，看冷却液管是否存在老化、硬化等不良现象。

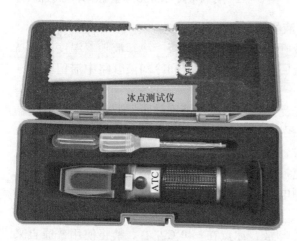

a) 冰点测试仪外观

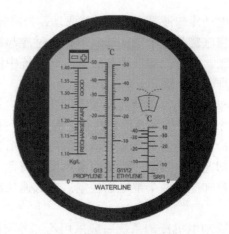

b) 冰点测试仪观测口

c) 冰点测试仪观测方法

图 5-2-2　驱动电机冷却液冰点检查

4. 驱动电机冷却液更换

① 打开膨胀罐冷却液加注口盖（图 5-2-1）。

② 举升车辆，断开图 5-2-3 所示的散热器出水管，使用容器收集排放出的冷却液。

③ 冷却液排放完毕后，连接散热器出水管，并检查冷却管路连接是否完整。

④ 使用故障诊断仪进入加注初始化状态，具体操作如下：将车辆起动开关至于 ON 档，且非充电状态，连接故障诊断仪（以吉利帝豪 EV450 为例），选择车型—手动选择系统—空调控制器（AC）——特殊功能，选择加注初始化，车辆处于加注初始化状态。

⑤ 打开膨胀罐加注盖，如图 5-2-4 所示，缓慢加注冷却液，直至膨胀罐内冷却液达到 80%，且液位不再下降。

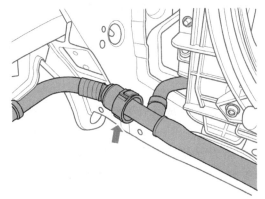

图 5-2-3　断开散热器出水管

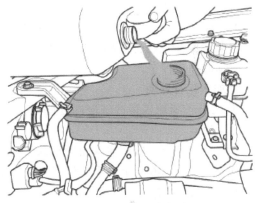

图 5-2-4　加注冷却液

⑥ 进行冷却系统排气操作，具体操作如下：连接故障诊断仪，使车辆处于排气状态，如果液位下降应及时补充冷却液，排气过程时长不小于 10min。

⑦ 观察膨胀罐内冷却液是否下降，并及时补充冷却液，确保冷却液液位处于 F 和 L 之间。

⑧ 拧紧膨胀罐加注盖，使用故障诊断仪将车辆恢复默认模式。

注意：

① 冷却液不能重复使用、混合使用，也不能更换不同颜色的冷却液。

② 只能使用厂家认可的、符合国家标准的冷却液。

③ 冷却液可以防止结冰、腐蚀损坏和结垢，此外还能提高沸点，因此冷却液必须按标准加注。

④ 禁止使用磷酸盐和硝酸盐作为防腐剂的冷却液。

⑤ 在热带气候的南方，必须使用高沸点的冷却液。

⑥ 在寒冷的北方，必须保证冷却液防冻温度低至约 -25℃（高寒地域低至约 -35℃）。

5.2.2　驱动电机冷却系统维修 ★★

1. 膨胀罐更换

安装步骤：

注意：拆卸或安装水管环箍时，都应使用专用的环箍钳。

① 打开前机舱盖

② 待冷却液温度低时，打开膨胀罐盖，释放冷却系统压力，举升车辆并排放冷却液。

注意：冷却液高温时，不要执行该操作以免造成烫伤。

③ 脱开图 5-2-5 所示散热器通气软管 1 的环箍（膨胀罐侧），拔下膨胀罐侧散热器通气软管 1。

④ 脱开图 5-2-5 所示散热器通气软管 2 的环箍（膨胀罐侧），拔下膨胀罐侧散热器通气软管 2。

⑤ 脱开图 5-2-5 所示散热器通气软管 3 的环箍（膨胀罐侧），拔下膨胀罐侧散热器通气软管 3。

注意：水管脱开前，应在车辆底部放置容器，接住防冻液，以免污染地面。

⑥ 拆卸图 5-2-5 所示膨胀罐前后的安装螺栓 4，取下膨胀罐。

安装步骤按照与拆卸相反的顺序进行，最后参照 5.2.1 小节"4.驱动电机冷却液更换"执行冷却液加注程序。

2. 加水软管更换

① 打开前机舱盖待冷却液温度低时，打开膨胀罐盖，释放冷却系统压力，举升车辆并排放冷却液。

② 拆卸图 5-2-6 所示加水软管环箍（膨胀罐侧），并从膨胀罐上脱开加水软管。

③ 拆卸图 5-2-6 所示加水软管环箍（冷却液泵侧），并从膨胀罐上脱开加水软管。

④ 取下加水软管。

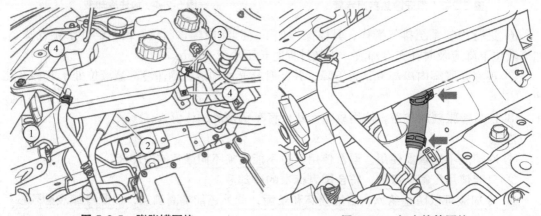

图 5-2-5　膨胀罐更换　　　　　　图 5-2-6　加水软管更换

安装步骤按照与拆卸相反的顺序进行，最后参照 5.2.1 小节"4.驱动电机冷却液更换"加注冷却液。

3. 散热器通风软管更换

① 打开前机舱盖，待冷却液温度低时，打开膨胀罐盖，释放冷却系统压力，举升车辆并排放冷却液。

② 拆卸图 5-2-7 所示散热器通风管两个环箍，并取下散热器通风管。

安装步骤按照与拆卸相反的顺序进行，最后参照 5.2.1 小节"4.驱动电机冷却液更换"加注冷却液。

4. 散热器出水管更换

① 打开前机舱盖，待冷却液温度降低后，打开膨胀罐盖，释放冷却系统压力，举升车辆并排放冷却液。

② 断开图 5-2-8 所示的散热器出水管。

注意：断开出水管时，使用容器收集散热器内残留的冷却液。

③ 按压图 5-2-9 所示箭头处的热交换器与散热器连接管路接头的卡扣，向外拔出冷却液连接管路。

注意：拔开连接管路接头时，使用容器收集散热器和热交换器内残留的冷却液。

④ 使用环箍钳松开图 5-2-10 所示的驱动电机冷却液泵与散热器冷却液管路环箍，取下水管。

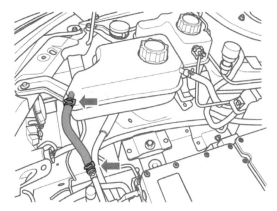

图 5-2-7　散热器通风管的更换

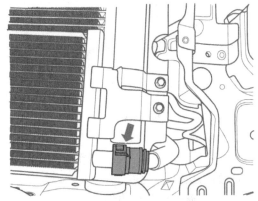

图 5-2-8　断开中的散热器出水管

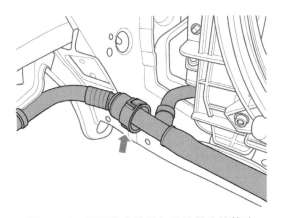

图 5-2-9　断开热交换器与散热器连接管路

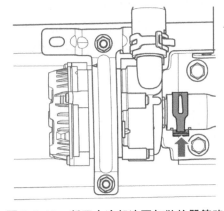

图 5-2-10　断开中冷却液泵与散热器管路

安装步骤按照与拆卸相反的顺序进行，最后参照 5.2.1 小节"4. 驱动电机冷却液更换"加注冷却液。

5. 散热器进水管更换

① 打开前机舱盖，待冷却液温度低时，打开膨胀罐，释放冷却系统压力，举升车辆并排放冷却液。

② 使用环箍钳松开图 5-2-11 所示箭头处的环箍，并脱开散热器进水管。

③ 按压图 5-2-12 所示箭头处的散热器进水管管路接头卡扣，并从散热器上脱开散热器进水管，取下散热器进水管。

安装步骤按照与拆卸相反的顺序进行，最后参照 5.2.1 小节"4.驱动电机冷却液更换"执行冷却液加注程序。

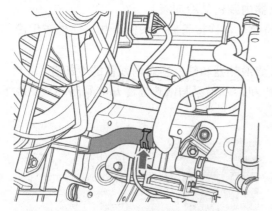
图 5-2-11　拆卸散热器进水管

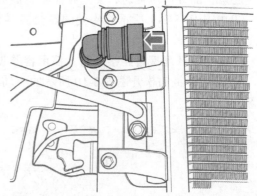
图 5-2-12　断开散热器进水管管路接头卡扣

6.电动冷却液泵更换

拆卸步骤：

① 打开前机舱盖，待冷却液温度降低后，打开膨胀罐盖，释放冷却系统压力，举升车辆并排放冷却液。

② 断开蓄电池负极电缆。

③ 断开电动冷却液泵线束插接器。

④ 使用环箍钳松开图 5-2-13 所示的散热器出水管和电机控制器进水管环箍，从电动冷却液泵上脱开散热器出水管和电机控制器总成进水管。

⑤ 拆卸图 5-2-14 所示电动冷却液泵紧固螺栓。

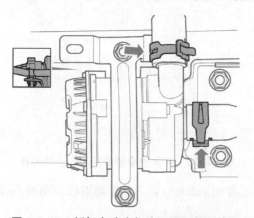
图 5-2-13　拆卸电动冷却液泵侧环箍和管路

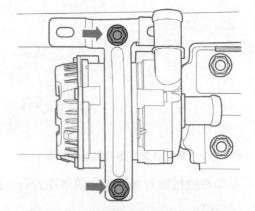
图 5-2-14　拆卸电动冷却液泵紧固螺栓

注意：水管脱开前，应在车辆底部放置容器，接住冷却液，以免污染地面。

安装按照与拆卸相反的顺序进行。电动冷却液泵和管路安装完毕后，添加冷却液，连接蓄电池负极。将故障诊断仪连接到车辆 OBD 接口，执行冷却液加注初始化及排气程序。

冷却液泵开始工作后，观察膨胀罐冷却液液面，如果下降，则添加冷却液到最高刻度位置。

7. 冷却风扇更换

① 打开前机舱盖，断开蓄电池负极，待冷却液温度降低后，打开膨胀罐盖，释放冷却系统压力，举升车辆并排放冷却液。

② 拆卸前保险杠上饰板。

③ 断开图 5-2-15 所示冷却风扇的 2 个线束插接器，脱开线束固定卡扣。

④ 拆卸图 5-2-16 所示的 2 颗冷却风扇紧固螺栓，脱开 3 个高压线束卡扣。

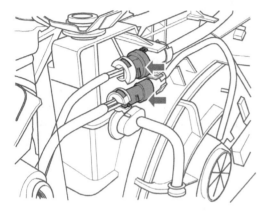

图 5-2-15　断开冷却风扇线束插接器

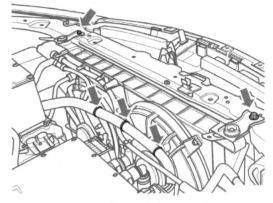

图 5-2-16　拆卸冷却风扇紧固螺栓

⑤ 拆卸图 5-2-17 所示的冷却风扇紧固螺栓，并向上取出冷却风扇。

安装按照与拆卸相反的顺序进行。冷却风扇和管路安装完毕后，添加冷却液，连接蓄电池负极。将故障诊断仪连接到车辆 OBD 接口，执行冷却液加注初始化及排气程序。冷却液泵开始工作后，观察膨胀罐冷却液液面，如果下降，则添加冷却液到最高刻度位置。

8. 散热器总成更换

拆卸步骤：

① 打开前机舱盖，断开蓄电池负极，待冷却液温度低时，打开膨胀罐盖，释放冷却系统压力，举升车辆并排放冷却液。

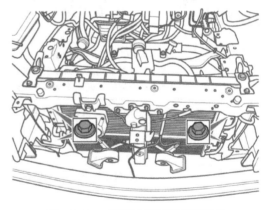

图 5-2-17　拆卸冷却风扇紧固螺栓

② 拆卸前保险杠上饰板。

③ 断开图 5-2-18 所示的散热器进水管 1。

④ 拆卸图 5-2-18 所示的冷却风扇总成与散热器紧固螺栓。

注意：水管脱开前，应在车辆底部放置容器，接住冷却液，以免污染地面。

⑤ 断开图 5-2-19 所示的散热器出水管 1。

⑥ 拆卸图 5-2-19 所示的冷却风扇总成与散热器紧固螺栓，向外取出散热器总成。

注意：小心移动散热器，避免与其他部件磕碰，以免损坏散热器散热片。

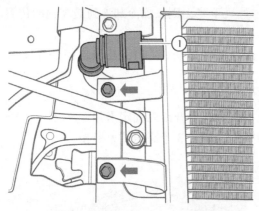

图 5-2-18　拆卸散热器进水管和紧固螺栓

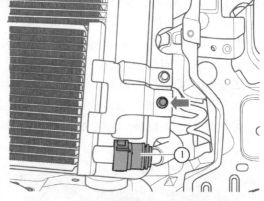

图 5-2-19　拆卸散热器出水管和紧固螺栓

　　安装按照与拆卸相反的顺序进行。冷却风扇和管路安装完毕后，添加冷却液，连接蓄电池负极。将故障诊断仪连接到车辆 OBD 接口，执行冷却液加注初始化及排气程序。冷却液泵开始工作后，观察膨胀罐冷却液液面，如果下降，则添加冷却液到最高刻度位置。

5.3　驱动电机冷却系统故障诊断★★★

1.驱动电机冷却系统故障确认

冷却系统故障征兆见表 5-3-1。

表 5-3-1　冷却系统故障征兆

故障现象	故障分析	处理措施
冷却液泵工作有异响（"嗡嗡"声）	首先分析车辆是在行驶中还是静止状态出现的异响，若两种情况均有，检查散热器内冷却液是否充足，补充后再进行试车；如果还存在异响，说明冷却液泵出现故障	补充冷却液；若补充后，冷却液泵声音仍然很大，更换冷却液泵
仪表报驱动电机过热故障	①冷却液泵不工作运转不顺畅 ②水道堵塞 ③冷却系统缺液 ④散热器外部过脏 ⑤散热器散热效果不佳，如散热器翅片发生变形，通风量降低等 ⑥冷却风扇不转	①检查冷却液泵电路部分，更换相应器件（熔丝、继电器、线束）；更换冷却液泵 ②更换相关管路 ③补充冷却液 ④清理散热器表面脏污（如柳/杨絮、蚊虫等杂物） ⑤更换散热器处理 ⑥检查冷却风扇供电电路

2.温度传感器引发驱动电机过热故障诊断策略

温度传感器引发驱动电机过热故障诊断策略请参考 2.4.2 小节"3.驱动电机过热故障诊断策略"。

3.冷却液泵故障引发驱动电机过热故障诊断策略

冷却液泵不工作会导致冷却液无法在冷却系统中流动，从而造成高压系统过热。冷却液泵相关电路，如图 5-3-1 所示。

冷却液泵不工作的诊断策略见表 5-3-2。

项目5驱动电机冷却系统结构原理与维修保养

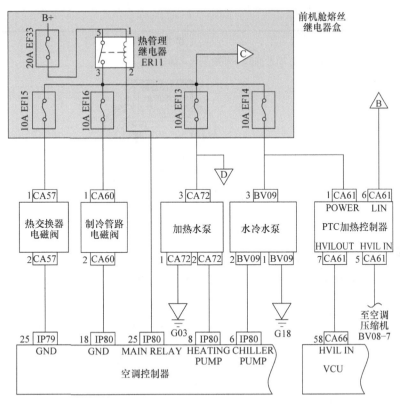

图 5-3-1　冷却液泵相关电路

表 5-3-2　冷却液泵不工作的诊断策略

诊断项目	诊断步骤
故障确认	起动开关关闭，连接故障诊断仪读取故障码，打开起动开关，确认是否存在故障码
检查整车控制器熔丝 EF13	起动开关关闭，拔下 EF13 10A 熔丝，检查是否熔断 熔断：检查相关电路，更换额定容量熔丝 未熔断：进入下一步诊断
检查整车控制器熔丝 EF09 和 SF08	起动开关关闭，拔下 EF09（10）和 SF08（40）熔丝是否熔断 熔断：检查相关电路，更换额定容量熔丝 未熔断：进入下一步诊断
检查加热冷却液泵电源	① 起动开关关闭，断开加热冷却液泵线束插接器 ② 打开起动开关，使用万用表测量加热冷却液泵线束插接器的 3 号端子与可靠车身搭铁之间的电压。标准电压：11 ~ 14V 确认检查结果是否符合标准值 不符合：维修或更换线束 符合：进入下一步

诊断项目	诊 断 步 骤
检查加热冷却液泵接地是否可靠	① 起动开关关闭，断开加热冷却液泵线束插接器 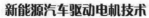 ② 打开起动开关，使用万用表测量加热冷却液泵线束插接器的端子 3 与可靠车身搭铁之间的电阻。标准电阻：小于 1Ω 确认检查结果是否符合标准值 不符合：维修或更换线束 符合：进入下一步
检查电动冷却液泵控制线路	① 起动开关关闭，断开冷却液泵线束插接器；断开空调控制器线束插接器 ② 打开起动开关，使用万用表测量测量冷却液泵线束插接器端子 2 和空调控制器线束插接器端子 8 之间的电阻。标准电阻：小于 1Ω 确认检查结果是否符合标准值 不符合：维修或更换线束 符合：进入下一步
更换冷却液泵	参照 5.2.2 小节"6.电动冷却液泵更换"更换冷却液泵 检查故障是否排除 未排除：更换空调控制器模块 排除：诊断结束
诊断结束	

4.冷却风扇低速档不工作

冷却风扇不工作可能导致系统温度过高，而引发控制单元发出警告，并存储故障码。冷却风扇不工作分为低速档不工作和高速档不工作，这里以低速档不工作为例介绍诊断策略。

冷却风扇相关的电路图如图 5-3-2 所示。冷却风扇低速档不工作故障诊断策略见表 5-3-3。

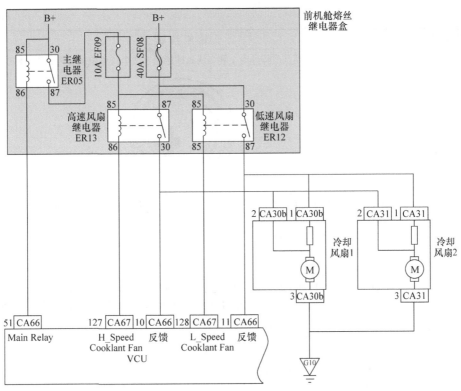

图 5-3-2　冷却风扇相关的电路图

表 5-3-3　冷却风扇低速档不工作的诊断策略

诊断项目	诊断步骤
检查整车控制器熔丝 EF09 和 SF08	起动开关关闭，拔下 EF09（10）和 SF08（40）熔丝，检查是否熔断 熔断：检查熔丝，更换额定容量熔丝 未熔断：进入下一步诊断
检查冷却风扇低速继电器	起动开关关闭，拔下冷却风扇低速继电器，使用同型号继电器代替，检查故障是否排除 排除：更换相同规格继电器 未排除：进入下一步
检查整车控制器电源、搭铁	① 起动开关关闭，断开整车控制器线束插接器 ② 起动开关打开，使用万用表测量整车控制器线束插接器的 128 号端子与可靠车身接地之间的电压。标准电压：11～14V 检查结果是否在标准范围内 否：修理或更换线束 是：进入下一步

（续）

诊断项目	诊 断 步 骤
检查冷却风扇搭铁是否可靠	① 起动开关关闭，断开冷却风扇 1 和 2 线束插接器（两个线束插接器端子外观和功能相同） ② 使用万用表分别测量两个冷却风扇线束插接器的端子 3 与车身可靠搭铁之间的电阻。标准电阻：小于 1Ω 检查结果是否在标准范围内 否：修理或更换线束 是：进入下一步
检查冷却风扇电源、搭铁之间的电压	① 起动开关关闭，断开冷却风扇 1 和 2 线束插接器（两个线束插接器端子外观和功能相同） ② 起动开关打开，连接诊断仪执行散热风扇低速转动测试（也可使用连接导线将整车控制器线束插接器端子 128 与车身可靠搭铁点连接，强制冷却风扇起动） ③ 使用万用表分别测量两个冷却风扇线束插接器的端子 3 与端子 1 之间的电压，标准电压：11 ~ 14V 检查结果是否在标准范围内 否：更换冷却风扇 是：进入下一步
检查低速继电器与冷却风扇之间的电路	① 起动开关关闭，断开冷却风扇 1 和 2 线束插接器（两个线束插接器端子外观和功能相同） ② 拆卸低速继电器 ③ 使用万用表测量冷却风扇 1 和 2 线束插接器 1 号端子和低速风扇继电器线束侧的 87 号端子之间的电阻，标准电阻：小于 1Ω 检查结果是否在标准范围内 否：修理或更换线束 是：进入下一步
检查低速继电器与整车控制器之间的电路	① 起动开关关闭，断开整车控制器线束插接器；拆卸低速继电器 ② 使用万用表测量整车控制器线束插接器端子 11 和低速继电器线束插接器端子 87 之间的电阻，标准电阻：小于 1Ω 检查结果是否在标准范围内 否：修理或更换线束 是：更换整车控制器
诊断结束	

附录 A　吉利帝豪 EV450 电机控制器故障码表

序号	故障码	故障描述
1	P1C0300	Drive 模式下 DFW 时钟检测
2	P060600	CPLD 时钟检测
3	P06B013	IGBT 驱动芯片电源故障
4	P1C0619	IGBT 上桥臂短路故障
5	P0C0100	硬件过流故障
6	P1C0819	IGBT 下桥臂短路故障
7	P0C7900	母线电压硬件过电压
8	P141100	Inverter 采集高压与 BMS 采集的高压校验错误
9	P1C1500	Inverter 内部 5V 过电压
10	P060400	检测 CAN Ram 读写是否正常
11	P1C0100	正常输出时 70K DFW 时钟检测
12	P1C0200	紧急输出时 25K DFW 时钟检测
13	P0A1B01	CY320 与主控芯片的 SPI 通信不正常故障
14	U007388	hybrid CAN 发生 BusOff 故障
15	U007387	hybrid CAN 发生 Timeout 故障
16	P064300	VDD30 过电压故障
17	P064200	VDD30 欠电压故障
18	P065300	VDD5G1 过电压故障
19	P065200	VDD5G1 欠电压故障
20	P0A1B47	看门狗故障
21	P140000	被动放电超时故障
22	P1C0001	主动短路不合理故障
23	P150500	检测 IGBT 开路是否成功
24	P0C5300	正 / 余弦输入信号消波故障
25	P0C511C	正 / 余弦输入信号超过电压阈值
26	P0C5200	正 / 余弦输入信号低于电压阈值
27	P0A4429	跟踪误差超过阈值
28	P170900	主动短路不合理故障
29	P0C7917	母线电压最大值大于阈值
30	P130000	看门狗反馈的错误计算器的合理性检测
31	P130200	转矩监控模块的输入部分检查、转矩计算检查、第一层和第二层转矩合理性检查、转矩比较、关断路径等
32	P130700	监控层两条独立计算转矩的路径的计算结果比较
33	P0A9000	电流控制不合理故障
34	P0BE500	U 相电流幅值不合理故障

（续）

序号	故障码	故 障 描 述
35	P0BE800	U 相电流过大故障
36	P0BE700	U 相电流过小故障
37	P180000	U 相电流中心线偏移量不合理故障
38	P0BFD00	三相电流之和不合理故障
39	P0BE900	V 相电流幅值不合理故障
40	P0BEC00	V 相电流过大故障
41	P0BEB00	V 相电流过小故障
42	P180100	V 相电流中心线偏移量不合理故障
43	P0BED00	W 相电流幅值不合理故障
44	P0BF000	W 相电流过大故障
45	P0BEF00	W 相电流过小故障
46	P180200	W 相电流中心线偏移量不合理故障
47	P0A2C00	定子温度最大值超过阈值
48	P0A2D00	定子温度最小值小于阈值
49	P0A2B00	定子温度过温故障
50	P0A2B01	定子温度不合理故障
51	P1C0513	DFW 时钟不合理故障
52	P0A8E00	12V 电压传感器值大于设定值
53	P0A8D00	12V 电压传感器值小于设定值
54	P056300	蓄电池过电压故障
55	P0C7600	主动放电超时
56	U110000	CAN 帧超时故障
57	U110100	CAN 帧长度故障
58	U110200	CAN 帧 checksum 故障
59	U110300	CAN counter 故障
60	U110400	CAN 帧超时故障
61	U110500	CAN 长度故障
62	P069900	VDD5 Z 过电压故障
63	P069800	VDD5 Z 过电压故障
64	P110300	Buck 模式下输入输出电流的合理性检查
65	P110500	低压输出电流初始值零值确认
66	P110A00	低压端过电流检测
67	P111300	DC/DC 未知故障
68	P111600	高压输入端电流 AD 值范围检测（小于阈值）
69	P111C00	严重故障确认故障次数超限
70	P112D00	模式转换超时
71	U100D00	DC/DC 模式接收 ElmarCAN 信号超时
72	P110600	低压输出电流 AD 值范围检测（大于阈值）

（续）

序号	故障码	故 障 描 述
73	P110700	低压输出电流 AD 值范围检测（小于阈值）
74	P111400	高压端电流传感器零漂故障
75	P111500	高压输入端电流 AD 值范围检测（大于阈值）
76	P111A00	DC/DC peak 硬件过电流
77	P111E00	B+/B− 连接检查
78	P111F00	非能量传递状态输入输出电流超限故障
79	P112B00	DBC 过热检测
80	P113000	PCB 温度检测 AD 值范围检测（大于阈值）
81	P113100	PCB 温度检测 AD 值范围检测（小于阈值）
82	P113400	PCB 过热检测
83	P113500	输出电压控制检查
84	P113600	低压端输出与蓄电池连接断开故障
85	P113700	输出电压检测 AD 值范围检测（大于阈值）
86	P113800	输出电压检测 AD 值范围检测（小于阈值）
87	P113B00	低压网络过电压
88	P113D00	输出电压超调检测
89	P113F00	低压网络欠电压
90	P114D00	高压端过电压检测
91	P115000	高压端欠电压检测
92	P115200	驱动板供电欠电压故障
93	U130000	CAN 帧超时故障
94	U130100	CAN 帧长度故障
95	U130200	CAN 帧 checksum 故障
96	U130300	CAN 帧 counter 故障
97	P150100	转子角无效时，检测转子转速是否在规定范围内
98	P1C1600	PEU 计数校验错误
99	P06A500	内部电压 VDD5G3 过高
100	P06A400	内部电压 VDD5G3 过低
101	P1COF00	PEU 硬件故障
102	P170C00	Resolver 状态错误
103	P130100	监控电机转子角度
104	P130300	监控电机转速
105	P130400	监控相电流
106	P130500	监控电机控制模式
107	P130600	监控 CAN 收到消息出错
108	P130800	监控转矩
109	P130900	监控转矩
110	P130A00	监控转矩

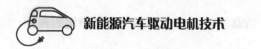

（续）

序号	故障码	故 障 描 述
111	P111900	高压端过流故障
112	P113C00	输出电压硬件过压
113	U100100	DDC100 接收超时
114	U100500	DDC10 接收超时
115	U100700	DDC11 接收超时
116	J100900	DDC12 接收超时
117	800	DDCInfo 接收超时
118	P130B00	监控直流母线电压
119	P130C00	Resolver 初始化错误
120	U110600	CAN 帧 checksum 故障
121	U110700	CAN 帧 counter 故障
122	P17100	角度跳变故障
123	P171100	信号失配错误
124	P171200	配置错误
125	P171300	奇偶校检错误
126	P171400	锁相错误
127	P170C00	传感器所测频率与计算频率之差绝对值大于阈值
128	P1B0000	内部电源 1 过电压
129	P1B0100	内部电源 1 欠电压
130	P1B0200	内部电源 3 过电压
131	P1B0300	内部电源 3 欠电压

附录 B　比亚迪 e5 电机控制器故障码表

序号	故障码	故障定义	DTC 值（hex）
1	P1B0000	驱动 IPM 故障 Driving IPM Failure	1B0000
2	P1B0100	旋变故障 Rotary Transformer Failure	1B0100
3	P1B0200	驱动欠电压保护故障 Driving Short-voltage Protection Failure	1B0200
4	P1B0300	主接触器异常故障 Master Contactor Failure	1B0300
5	P1B0400	驱动过电压保护故障 Driving Over-voltage Protection Failure	1B0400
6	P1B0500	IPM 散热器过热故障 IPM Radiator Overtemprature	1B0500
7	P1B0600	档位故障 Gear Failure	1B0600
8	P1B0700	加速踏板异常故障 Throttle Abnormal	1B0700
9	P1B0800	电机过热故障 Motor Overtemprature	1B0800
10	P1B0900	电机过电流故障 Motor Overcurrent	1B0900
11	P1B0A00	电机缺相故障 Motor Lack-of-phase	1B0A00
12	P1B0B00	EEPROM 失效故障 EEPROM Mulfunction Failure	1B0B00
13	P1B3100	IGBT 过热 IGBT Overheat	1B3100
14	P1B3200	GTOV 电感温度过高 GTOV Inductor Overtemprature	1B3200
15	P1B3400	电网电压过高	1B3400
16	P1B3500	电网电压过低	1B3500
17	P1B3800	可自适应相序保护错误 Three-phase Voltage Sequence Error	1B3800
18	P1B3900	交流电压霍尔异常 AC Voltage HALL Abnormal	1B3900
19	P1B3A00	交流电流霍尔失效 AC Current HALL Abnormal	1B3A00
20	P1B3B00	三相交流过流 Three-phase AC Overcurrent	1B3B00
21	P1B4000	GTOV 母线电压过高 GTOV Bus Voltage Overhigh	1B4000
22	P1B4100	GTOV 母线电压过低 GTOV Bus Voltage Overlow	B4100
23	P1B4300	GTOV 母线电压霍尔异常 GTOV Bus Voltage HALL Abnormal	1B4300
24	P1B4700	GTOV 直流电流过流保护 GTOV DC Current Overcurrent	1B4700
25	P1B4900	Protection	1B4900
26	P1B4A00	GTOV 直流电流霍尔异常 GTOV DC Current HALL Abnorma	1B4A00
27	P1B4B00	GTOV 直流电流瞬时过高 GTOV DC Instantaneous Current	1B4B00
28	P1B4C00	Overhigh	1B4C00
29	P1B4D00	GTOV-IPM 保护 GTOV-IPM Protection	1B4D00
30	U025F00	GTOV 可恢复故障连续触发 GTOV Recoverable Failure Continue	C25F00
31	U029E00	与主控通信故障 Failure to Communicate with Main Controller	C29E00
32	U011100	与电池管理器通信故障 Failure to Communicate with BMS	C11100
33	U029D00	与 ESP 通信故障 Failure to Communicate with ESP	C29D00
34	U012100	与 ABS 通信故障 Failure to Communicate with ABS	C12100

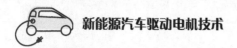

（续）

序号	故障码	故障定义	DTC 值（hex）
35	U029F00	与 OBC 通信故障 Failure to Communicate with OBC	C29F00
36	P1B6800	充电枪过热	1B6800
37	P1B6900	起动前交流过电流	1B6900
38	P1B6A00	起动前直流过电流	1B6A00
39	P1B6B00	频率过高	1B6B00
40	P1B6C00	频率过低	1B6C00
41	P1B6D00	不可自适应相序错误保护	1B6D00
42	P1B6E00	直流预充满	1B6E00
43	P1B6F00	直流短路	1B6F00
44	P1B7000	直流断路	1B7000
45	P1B7100	电机接触器烧结	1B7100
46	P1B7200	CC 信号异常	1B7200
47	P1B7300	CP 信号异常	1B7300
48	P1B7400	IGBT 检测故障	1B7400
49	P1B7500	交流三相电压不平衡	1B7500
50	P1B7600	交流三相电流不平衡	1B7600
51	P1B7700	电网电压零漂不过	1B7700
52	P1B7800	逆变电压零漂不过	1B7800
53	P1B7900	交流电流零漂不过	1B7900
54	P1B7A00	直流电流零漂不过	1B7A00
55	P1B7B00	SCIi 异常	1B7B00
56	U015500	与仪表 CAN 通信失效	C15500
57	P1EC000	降压时高压侧电压过高	1EC000
58	P1EC100	降压时高压侧电压过低	1EC100
59	P1EC200	降压时低压侧电压过高	1EC200
60	P1EC300	降压时低压侧电压过低	1EC300
61	P1EC400	降压时低压侧电流过高	1EC400
62	P1EC700	降压时硬件故障	1EC700
63	P1EC800	降压时低压侧短路	1EC800
64	P1EC900	降压时低压侧断路	1EC900
65	P1EE000	散热器过热	1EE000
66	U012200	与低压 BMS 通信故障	C12200
67	U011100	与动力电池管理器通信故障	C11100
68	U014000	与 BCM 通信故障	C14000
69	P1BF400	驱动电机控制器主动泄放模块故障	1BF400
70	U011000	与电机控制器通信故障	C11000
71	U011100	与电池管理器通信故障	C11100
72	P150000	车载充电器输入欠电压	150000

（续）

序号	故障码	故障定义	DTC 值（hex）
73	P150100	车载充电器输入过电压	150100
74	P150200	车载充电器高压输出断线故障	150200
75	P150300	车载充电器高压输出电流过流	150300
76	P150400	车载充电器高压输出电流过低	150400
77	P150500	车载充电器高压输出电压低	150500
78	P150600	车载充电器高压输出电压高	150600
79	P150700	车载充电器接地状态故障	150700
80	P150800	车载充电器风扇状态故障	150800
81	P150900	DC 逆变桥温度故障	150900
82	P150A00	PFC 输出状态故障	150A00
83	P150B00	PFC 桥温度故障	150B00
84	P150C00	供电设备故障	150C00
85	P150D00	低压输出断线	150D00
86	P150E00	低压蓄电池电压过低	150E00
87	P150F00	低压蓄电池电压过高	150F00
88	P151000	交流充电感应信号断线故障	151000
89	U011100	与动力电池管理器通信故障	C11100
90	U015500	与组合仪表通信故障	C15500